音楽で「良い子」は育てられるのか

「情操」から読み解く音楽教育史

山本耕平
Kohei Yamamoto

ON
春秋社
GAKU
音楽学
GAKU
叢書

春秋社

はじめに

校門の「内」と「外」

「音楽は好きだけど、学校の音楽の授業は苦手だ」。これは筆者が今まで学校教育において音楽の授業を受けた中で、そして音楽教師として授業を担当する中で、子どもや同僚から度々耳にしてきた（そしてこれからも度々耳にするだろう）フレーズである。本書の執筆のきっかけの一つはここにある。なぜ学校で行われる音楽教育は（もちろん音楽好きな子どもも一定数いるにせよ）苦手意識を持って語られることが多いのか。

もう一つのきっかけとなったのが、日本の音楽教育の歴史を紐解く中で頻繁に出会う「学校唱歌、校門を出ず」という言葉である。明治時代に唱歌教育が始まり、それからほどなくして使われるようになったこの言葉は、学校で教えられる唱歌は子どもたちが思わず学校の外で口ずさむようなものではなく、あくまで学校の中でしか歌われない、と当時の唱歌教育を皮肉ったフレーズである。

これら二つのフレーズは、学校で行われる音楽教育の独自性を特徴的に描き出している。音楽の授業は学校で行われる以上、「教育的」であることが前提とされる。つまり音楽教育は、学校教育の中でめざされる「人間的な成長」、もっと噛み砕いていうなら「良い子」を育てるためのものでなければならない。合奏や合唱で協調性を育んだり、偉大な作曲家による音楽作品を鑑賞し、何かを感じ取ったりすることが求められる――音楽教育はこうした宿命を背負っている。そしてこの宿命によって少なくない数の子どもたちが音楽の授業に苦手意識を抱えたまま学校を卒業していく。

我々は自由に楽器の演奏を楽しんだり、好きなアーティストの音源を聴いたり、コンサートに出向いたりするなど、音楽を様々な方法で味わい、日々の余暇活動に彩りを添えている。今更いうまでもないことだが、我々は音楽の楽しみ方を自由に選ぶことができる。

しかし、学校には文部科学省が定めた学習指導要領に沿って作られた教科書があり、現場の教師たちはその教科書の内容に沿って日々の授業を行う。学期末になると子どもたちは歌や楽器、あるいは楽典のテストに追われることになる。子どもたちは学習指導要領に概ね沿った形で、五線譜の上にト音記号やヘ音記号を描き、四分の三拍子と八分の六拍子の違いについて頭を悩ませ、校門の内側の音楽と外側の音楽の違いに少しずつ気付き始めていく。

校門の「外」ではあらゆる時代の音楽が流れ、それを当たり前のように享受できる環境がある。その一方で、校門の「内」では教育的に価値のあるものと認定された、ごく少数の選び抜かれた教材が教えられている。もちろんこうした例は音楽教育の一面を描き出しているに過ぎない。音楽の授業が好きで、楽しみにしている子どもは沢山いるだろうし、子どもが楽しめるよう教科書の内容を最大限工夫している教師も沢山いる。

しかし、である。それでもなお、学校で行われる音楽の授業に疑問を感じている、もしくは感じて来た人は今なお多い。そもそもなぜ学校には音楽の授業が存在しているのか。なぜ学校で歌を歌ったり、リコーダーを吹いたり、懸命に合唱や合奏に取り組まなくてはいけないのか。こうした問いが本書の出発点となっている。そして、これらの問いに答えるために本書がキーワードとして掲げるのが「情操」である。

一般に、子どもにクラシック音楽を聴かせることや、ピアノやヴァイオリンを習わせることは「情操教育に良い」とされてきた。その一方で、流行歌やロックミュージックを聴くことや、エレキギターを演奏することは不良への道を辿る第一歩となり、情操教育にとっては良くない「俗悪音楽」とされていた時期もあった。しかし、「子どもにクラシック音楽を聴かせることが情操教育に良い」というのも、よくよく考えてみると、あくまで「何となく良い」という程度の直観によるものが大きい。そしてこうした一連の音楽ジャンルへの評価や偏見については、学校で行われる音楽教育についても事情がよく似ている。

学校で行われる音楽教育においては「情操を育む」ことが依然として大きな目標となっている。学校音楽教育の関心の中心にはいつも「情操教育に寄与するかどうか」という基準が存在する。学校で音楽教育を行う以上はこの「情操」から逃れることはできない。ではそもそも「情操」とは何か。音楽教師はなぜ「情操」を意識して音楽教育を行うことになっているのか。文部省（現文部科学省）が戦後からこれまで提示してきた情操教育としての音楽教育に対し、現場の教師はどのように考え、実践してきたのか。

そこで本書は大きく三つのまとまりから、「音楽教育と情操」を考察する。まずは「情操」というキーワードから戦後音楽教育の歩みを辿る（第一章〜第四章）。次に、現場の教師たちが行政の提示する音楽教育にどう反応し、現場で音楽教育を実践していたのかを明らかにしていく（第五章〜第八章）。そして最後に、音楽教育についてより広く考えるための話題を提供するため、補論という位置付けで、一九六〇年代以降ブームとなった「音楽のおけいこ」の実態を取り上げる（補章）。

本論に入る前にここであらかじめ断っておきたいことがある。それは、本書は決して学校で行われている音楽教育を貶そうとするような趣旨のものではないということである。もちろん、時には音楽教育について批判的に論じることもある。しかしそれは音楽教育においてこれまで自明とされてきた「情操」という概念について一歩踏み込んだ議論をしていくためのものである。

本書の議論が、「情操」をキーワードにしながら音楽教育のこれまでについて知り、そして音楽教育のこれからについて共に考えていくきっかけとなれば幸いである。

音楽で「良い子」は育てられるのか　目次

音楽で「良い子」は育てられるのか

「情操」から読み解く音楽教育史

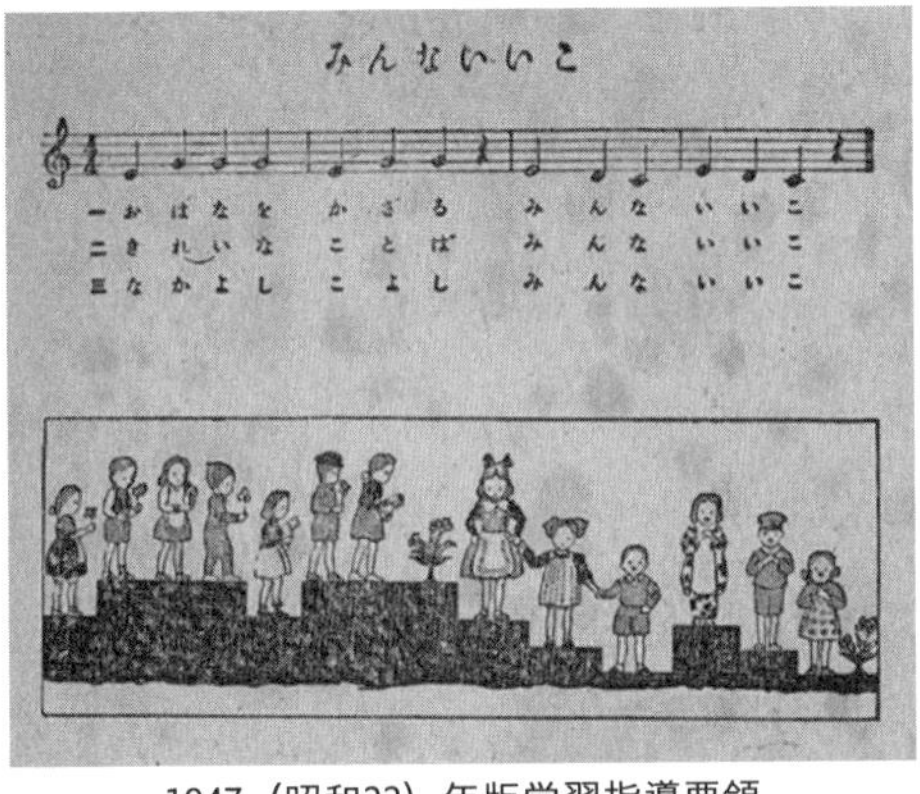

1947（昭和22）年版学習指導要領
（試案）より《みんないいこ》

〈凡例〉

・引用内の〔　〕は引用者による中略や補足を示す。
・引用文中や署名等の旧漢字は現代の表記に改め、仮名遣い・送り仮名は原文に従った。
・本文中の肩書き、役職名はその当時のものとした。

第一章　情操教育としての戦後音楽教育

重要だけど曖昧な「情操」概念

戦後音楽教育は、「音楽の美しさ」そのもの——音楽教育の世界ではしばしば「音楽美」とも呼ばれる——を学ぶことが目標で、そうすることがそのまま人間形成につながると考えられるようになった。戦前の音楽（唱歌）教育では唱歌の歌詞の中に描かれている「徳目」を学ぶことに重きを置いていたことから考えると、戦後の音楽教育は芸術音楽を標榜するものとして大きく前進した、とひとまずはいえるだろう。

こうした考え方は、一九四七（昭和二二）年版の学習指導要領（試案）[1]において「音楽教育即情操教育」（文部省 1947: 1）という言葉で表現されており、音楽教育は音楽美の感得を第一の目標としながら、それと同時に情操教育でもあると捉えられるようになった。現行の学習指導要領の目標にも「豊かな情操」という文言は残っており、音楽教育は芸術教育でありながらも依然として情操教育を内包していることは今も昔も変わらない。

音楽教育は今もなおその存在意義を自らに問いかけている。例えば日本音楽教育学会が刊行している二つの雑誌『音楽教育学』と『音楽教育実践ジャーナル』のいずれもが、二〇一五（平成二七）年の第一号において、学校教育における音楽科の在り方に関する特集を組んでおり、音楽科の存在意義について様々な立場から論じている。たとえば音楽教育学者の有本真紀は「特集：音楽科へのエール」の中で「戦後の音楽科は、人間の調和的発達を重視する包括的な教育課程において、子どもたちの心の健全な育ちを支援するという点から、その重要性が認められてきた」（有本 2015: 36）と述べ、音楽教育の役割として「心の成長」を挙げている。また、日本道徳教育学会の会長である押谷由夫は、同特集において音楽の三つの魅力として、生活を潤すものとしての生活音楽、生涯の友となる生涯音楽、そして人間らしい心や生き方を育む音楽として情操音楽をあげている（押谷 2015）。押谷は「様々な表現活動に音楽を取り入れることで美的・情操的要素が全体に反映し、表現活動に人間らしさが感じられるようになり、学ぶことや生きることの喜び、楽しさ、人間としてよりよく生きようとする意欲などを育むことができる」（押谷 2015: 51）と述べ、音楽と人間形成の関係から情操音楽を重視している。

しかしその一方で同特集では、教育哲学学会の代表理事の今井康雄が「「情操教育」のような粗雑な理念化に惑わされないこと」（今井 2015: 38）と述べ、また教育学者の佐藤学もアート教育の立場から「音楽教育は「情操教育」でもない。「音楽性」は「情操」を含んではいるが、それをはるかに凌駕している」（佐藤 2015: 54）と述べているように、音楽教育をより広い視点から捉えようとする向きもあり、決して誰しもが音楽教育の孕む情操教育の側面を手放しで礼賛しているわけではない。すなわち「情操教育」というキーワードは、積極的に受容されるにせよ、それに囚われることに警鐘を鳴らすにせよ、依然として音楽科の存在意義を考える際には逃れることのできない桎梏であるといえよう。とくに「情操」という言葉は、その成り立ちからして曖昧で、価値的な要素を多分にはらんだ抽象的な概念であり、そうであるからこそ、「人間性の向上」という究極目標を掲げる教育の分野においてフィットする概念として定着してきた(2)。

「音楽を学ぶことで豊かな情操が育まれ、人間性が向上する」という考え方によって日本の音楽教育が自らの存在意義を定位しようとしている側面は現在も色濃く残されている。戦後日本の音楽教育を歴史的に通観してみると、「情操」という曖昧な概念は、音楽科を成立させるために良くも悪くも利用されてきたといえる。また、こうした状況が「教育音楽」という独自の概念を生み出す理由の一つとなったと考えられる。

外から見る学校の音楽教育――「教育音楽」の独自性について

本書において「情操」と並んで重要なテーマとなる「教育音楽」という言葉の示す範囲について

も明らかにしておきたい。「教育音楽」という語の使用について、山本真紀は、一八九五（明治二八年）が初出であるとしている（山本 2017）。唱歌教育が始まり、早い段階で「教育音楽」という語は既に登場している。では、明治時代から使用されていた「教育音楽」という語の意味するところについて見てみよう。例えば、一九〇一（明治三四）年に出版された『教育唱歌　前編』では、音楽が「美妙なる聴覚的美術にして、人心に非常の感動を与え」るものであるとされ、それに続いて「教育音楽」は「徳性涵養上、最大なる効力を有するものなり」と論じられている（羽生ほか編 1901: 1）。また同書では「音楽は道徳と直接の関係あり」（*ibid*.: 11）とも述べられており、「教育音楽」という語には、音楽（唱歌）教育に対し、道徳上の効果を強調する意味が込められていたことがわかる。河口道朗もまた、一九一〇（明治四三）年に出版された山本正夫による文献における発言を指摘しつつ、歴史的な観点から「教育音楽」という概念について論じている（国立音楽大学音楽教育研究会 1965: 313）。山本は、『唱歌教授法通論』内の「教育と音楽」という節で、音楽には「円満なる心身を練り、人格を鍛へ以って善美の人をつくりあげむとする方法がある。是に用ゐられた場合の音楽を教育音楽と云ふのである」（山本 1910: 5）と「教育音楽」を定義している。河口は「音楽は芸術としてよりも、人間形成に役に立つ、そして社会のよき娯楽の一つであるが故に、つまりは教育のための、社会が平穏であるための「功利的なもの」として学校のカリキュラムに位置付けられたことがあきらかである」と述べ、明治時代の唱歌教育の発展のなかで「教育音楽」という概念が形成されていったと指摘する（国立音楽大学音楽教育研究会 1965: 227–228）。また、教育学者の山住正己は『音楽と教育』の中で、「教育音楽」について次のように述べている。

教師は、いい曲をえらび、自信をもって子どもたちに教える力量を身につけていなければならない。しかし、教師にはそういう力量を身につけるにいたる道がとざされていたのではないか。このことをはっきりしめしているのが「教育音楽」ということばの存在である。ただこういう奇妙なことばがあるというだけでなく、学校向けの特別な「音楽」があって、それだけが「教育的」と考えられ、教師はそれを子どもたちに伝達する技術だけをもっていればいい、という方針で養成されてきた。

（山住 1966: 23）

山住は過去の歴史学において、歴史上の出来事の原因・結果を追求し、事実を遠慮会釈なく明らかにした歴史と、世間一般の人が自分の好きな人物を美化したり事実を好きなように変えてみたりする歴史、そして文部省の定めた教育目的にかなった歴史の三つがあったことを指摘する。その上で、こうした三つの区分が音楽にも当てはまるといい、音楽にも「芸術音楽」「大衆音楽」「教育音楽」の三区分があるとする（山住 1994: 80）。また山住は日本の文化は往々にしてこうした区分があり、それらをいかに乗り越えていくかが問題であると考えていた（*ibid*.: 81）。

作曲家の芥川也寸志は、一九七二（昭和四七）年の六月二八日の朝日新聞紙上で「どうも私には〝音楽教育〟よりも〝教育音楽〟がはばをきかせているように思われる」と述べ、当時の音楽教育は、もはや明治から続く徳性の涵養や人心を正すため、風化を助けるためのものであってはならず、「指導要領に出てくる〝情操〟とか〝情緒〟という言葉でおきかえられる、音楽にまつわる〈何か〉を教えることではない」（芥川 1972: 19）と述べている。これらの議論からわかることとは、「教育音楽」が、とどのつまり、情操教育を前面に押しだした音楽教育だということである。

作曲家の柴田南雄も次のように述べている。

わたくしは、時折、地方の小・中・高校の音楽の先生方の研究会に招かれて話をすることがある。そういう場合に最も強く感じることは、日本ではわれわれ音楽家の思考や実践とはひじょうに遠く隔たった所に、教育音楽の王国が確立されていて、容易なことでは話が通じ合わない、ということである。画家と美術の先生の間とか、作家と国文学の先生の間でもそうなのだろうか。歴史や物理などの分野でも学者と先生の間ではそうなのだろうか。どうも音楽の分野はきわめて特殊な関係にあるのではなかろうか。（柴田 1983: 170）

柴田は、戦後音楽教育の世界が「教育音楽の王国」と表現されるような閉鎖的状況にあると捉えていた。

一九八四（昭和五九）年に発行された『音楽教育大論争』（門馬編 1984）では、「外から見た音楽教育」の立場から、前述の芥川、音楽学者の小島美子、数学者の広中平祐らが論客として並び、それを受ける形で「内から見た音楽教育」の立場の代表として、文部省から真篠将、伊波久雄が参加し、それぞれの立場から、音楽教育の必要性、指導要領の強制力、美しさ、教科書、教育学者、評価、教師、といったトピックについて意見を述べている。ここで芥川は「教育音楽」について次のような見解を示している。

音楽は何かの教育に非常に役立ちますよ、ということ、何かの人間形成に音楽はとても有益ですよ、ということなんですね。だから「音楽教育」と言わないでしょう。「教育音楽」と言うわけだ。雑誌だって『教育音楽』、名簿や何もかも「教育音楽」なんです。しかし、「教育音楽」という音楽は絶対に実在しない。文部省の教える学校の中にだけしか存在しない。例えば英語教育を逆にして、教育英語という英語があるかどうか。（*ibid*.: 13）

こうした指摘に対し、真篠は「文部省では教育音楽などという言葉は全く使っていません」と応え、伊波もまた「少なくとも文部省では、手段としての音楽教育というのは全く考えていません」と、文部省はあくまで「教育音楽」という語は採用していない、と述べている（*ibid*.）。しかし、唱歌教育に始まる過去の音楽教育に対し、真篠は次のように述べる。

当時は当時の事情があったわけなんです。何しろ音楽なんて、世間に必要性もなにも全く知られていなかった。その中にあって伊沢修二は、多くの人を説得しなければならなかったわけです。その時に純粋の芸術論なんか掲げたってどうにもなりはしない。そこで彼が言ったのは、歌を歌うと、胸郭がひらいて健康に良いんだと、そして道徳教育に役立つんだと。そう言わなければ誰も納得してくれなかったわけですよ。そういう状況の中でなんとか取調掛をつくるために、あえて音楽を手段として扱わざるをえなかったというのが、当時の伊沢修二の心境だったんじゃないでしょうか。

(*ibid.*: 13–14)

真篠も伊波も、文部省には「教育音楽」という言葉は存在しないとしている。しかし、この発言には音楽教育がその成り立ちから手段としての音楽教育の側面、つまり「教育音楽」の側面を強調せざるを得なかったことを、消極的にではあるものの認めなければならないという複雑な感情が見え隠れしている。ネガティブなものであれ、ポジティブなものであれ、音楽教育が「教育音楽」という言葉で捉えられる時、そこには音楽を教育の手段として、つまり情操教育のための手段として扱うといった意味が含まれている。したがって、学校教育で行われている音楽教育を取り上げることで、本書が研究対象とする「情操」という言葉の意味するところを明らかにできると考えられる。

そこで本書では、情操教育のニュアンスを多分に含んでいる日本の学校教育の範疇で行われる音楽教育、いわゆる「教育音楽」を主な研究の範囲に定め、戦後音楽教育における情操教育の内実を明らかにする。また、学習指導要領の改訂を中心とした文部省の動きだけなく、音楽教育に携わる研究者や現場の教師、日本教職員組合、あるいは作曲家や音楽学者など、文部省を中心とする音楽教育行政への批判的な立場も含めた様々な言説を含め検討することで、より立体的な議論をめざす。

戦後の学習指導要領に見る「情操」――転換点としての一九六八年

ここで、戦後音楽教育における「教育音楽」としての独自性が顕在化する時期を見定めることで、本書が取り扱う範囲を設定したい。まずは戦後の学習指導要領における音楽科の目標に見られる「情操」という文言について確認する。**表1**は、戦後の一九四七（昭和二二）年に試案として出された音楽科学習指導要領から、二〇一六（平成二八）年までに出された小学校および中学校の目標を一覧にしたものである。この一覧を見ると、「情操」という言葉は戦後から現在に至るまで、音楽科の目標の一つとなっていることがわかる。教育の目標に掲げられる人間性の向上に向け、音楽科は「情操」の面から人間性向上に資すると考えられているのである。

ただし、一九五八（昭和三三）年には中学校において、そして一九六八（昭和四三）年には小学校においても、それまで「美的情操」とあった文言が「情操」に変わっている。小学校では一九六七（昭和四二）年、中学校では一九六八（昭和四三）年、いずれも学習指導要領の改訂を控えた時期に、教育課程審議会が音楽の改善の方針を示している。小学校の目標では「鑑賞と表現の諸経験

2016年版	小	表現及び鑑賞の活動を通して、音楽的な見方・考え方を働かせ、生活や社会の中の音や音楽と豊かに関わる資質・能力を次のとおり育成することを目指す。 （1）曲想と音楽の構造などとの関わりについて理解するとともに、表したい音楽表現をするために必要な技能を身に付けるようにする。 （2）音楽表現を工夫することや、音楽を味わって聴くことができるようにする。 （3）音楽活動の楽しさを体験することを通して、音楽を愛好する心情と音楽に対する感性を育むとともに、音楽に親しむ態度を養い、豊かな情操を培う。
	中	表現及び鑑賞の幅広い活動を通して、音楽的な見方・考え方を働かせ、生活や社会の中の音や音楽、音楽文化と豊かに関わる資質・能力を次のとおり育成することを目指す。 （1）曲想と音楽の構造や背景などとの関わり及び音楽の多様性について理解するとともに、創意工夫を生かした音楽表現をするために必要な技能を身に付けるようにする。 （2）音楽表現を創意工夫することや、音楽のよさや美しさを味わって聴くことができるようにする。 （3）音楽活動の楽しさを体験することを通して、音楽を愛好する心情を育むとともに、音楽に対する感性を豊かにし、音楽に親しんでいく態度を養い、豊かな情操を培う。

表1　戦後の学習指導要領に見る音楽科の目標の変遷

1947年版(試案)	小・中	音楽美の理解・感得を行い、これによって高い美的情操と豊かな人間性とを養う。
1951年版(試案)	小	音楽経験を通じて、深い美的情操と豊かな人間性とを養い、円満な人格の発達をはかり、好ましい社会人としての教養を高める。
	中・高	音楽経験をとおして、深い美的情操と豊かな人間性とを養い、円満な人格の発達をはかり、好ましい社会人としての教養を高める。
1958年版	小	音楽経験を豊かにし、音楽的感覚の発達を図るとともに、美的情操を養う。
	中	音楽の表現や鑑賞を通して美的感覚を洗練し、情操を高め豊かな人間性を養う。
1968年版	小	音楽性をつちかい、情操を高めるとともに、豊かな創造性を養う。
1969年版	中	音楽の表現や鑑賞の能力を高め、鋭敏な直観力と豊かな感受性を育て、創造的で情操豊かな人間性を養う。
1977年版	小	表現および鑑賞の活動を通して、音楽性を培うとともに、音楽を愛好する心情を育て、豊かな情操を養う。
	中	表現及び鑑賞の能力を伸ばし、音楽性を高めるとともに、音楽を愛好する心情を育て、豊かな情操を養う。
1989年版	小	表現および鑑賞の活動を通して、音楽性の基礎を培うとともに、音楽を愛好する心情と音楽に対する感性を育て、豊かな情操を養う。
	中	表現および鑑賞の活動を通して、音楽性を伸ばすとともに、音楽を愛好する心情と音楽に対する感性を育て、豊かな情操を養う。
1998年版	小	表現および鑑賞の活動を通して、音楽を愛好する心情と音楽に対する感性を育てるとともに、音楽活動の基礎的な能力を培い、豊かな情操を養う。
	中	表現および鑑賞の幅広い活動を通して、音楽を愛好する心情を育てるとともに、音楽に対する感性を豊かにし、音楽活動の基礎的な能力を伸ばし、豊かな情操を養う。
2008年版	小	表現及び鑑賞の活動を通して、音楽を愛好する心情と音楽に対する感性を育てるとともに、音楽活動の基礎的な能力を培い、豊かな情操を養う。
	中	表現及び鑑賞の幅広い活動を通して、音楽を愛好する心情を育てるとともに、音楽に対する感性を豊かにし、音楽活動の基礎的な能力を伸ばし、音楽文化についての理解を深め、豊かな情操を養う。

を通じて、音楽的感覚、表現技能、理解等の諸能力を統合した音楽性をつちかい、情操を深めるとともに、そのことを通して個性や創造性の豊かな人間を育成するものであって、単に音楽の技術や知識を習得させることではないこと」としており、中学校の目標についても、「目標については、音楽の表現や鑑賞の能力を高めること、特に、鋭敏な直観力や豊かな感受性を育て、創造的で情操豊かな人間の形成に寄与するものであることを明確にすること」と述べている。ここでは、音楽教育によって「情操」を豊かにし、そのことによって教育の究極目標である人間性の向上へと結びつけることが企図されている。美的情操にとどまらない、より広い視点からの音楽教育の有効性が前景化されているといえるだろう。

　この当時、文部省教科調査官であった花村大は、雑誌『教育音楽　中学版』の一九六九（昭和四四）年二月号において、学習指導要領の目標について次のように述べる。

> 音楽教育にあっては、単に「美的情操」のみを洗練するのではなく音楽に対して能動的にはたらく研ぎすまされた鋭敏な感性、直観力と音楽のもつ美しさやよさをすなおに受け容れる、ないしは感じ取ることのできる能力というものを育てていかねばならないことをここにうたうことにした。さらに、「人間性を養う」という文章は、他のいずれの教科にも見られない表現であるが、これは、音楽科が「情操」というものについて、全人的に統合（coordinate）する作用をもっているために、このような表現をとったのである。すなわち、社会的情操・知的情操・美的情操・宗教的情操・道

徳的情操などと呼ばれるものが、音楽によって、人格の中に合一化されていくのである。これは、音楽科の重要な性格である。

（花村 1969: 60–61）

文部省の調査官の立場から、花村は音楽科の目標が「情操」に変わったことに対し、教育課程審議会が出した方針に沿った発言をしている。木間英子は、こうした目標観の変化について、次のように述べる。

次第に、芸術としての音楽という捉え方が不分明になるとともに、美的情操は情操に替わり、心情と言い換えても通用する程度の意味しかもたなくなっている。音楽と情操との関連を意義付ける根拠は希薄になってきているのである。情操を育成するためにはなぜ音楽が必要なのか、その根拠を問わずにきた時間は長いといわざるをえない。

（木間 2008: 16）

「美的」という文言がなくなった「情操」という目標は、文部省にいる花村からすれば、芸術教育が担う「美」にとどまらず、より広い意味を担うことになったということであった。しかし、それは言い換えるなら、木間のいうようにより曖昧な目標になったともいえる。

また、この時期を境として、音楽教育における「情操」を取り上げる論文がいくつか発表されている。(3) さらに、情操教育に関する書籍［牛島義友ほか編（1965）、乾孝ほか編（1966）、乾（1972b）、田中嘉彦（1970）など」もこの時期にいくつか出版されており、一般社会においても「情操教育としての音楽教育」という考え方が浸透し始めた時期であるといえるだろう。

そこで、本書で考察の対象とする時期を一九四七（昭和二二）年から一九六八（昭和四三）年周辺を中心に定める。本節で示してきたように、一九六八（昭和四三）年の学習指導要領の改訂によって、文部省は、音楽教育がより広い視点から人間性の向上を企図することで、音楽科の目標にあった「美的情操」を「情操」に変更する。それに伴い、作曲家など、音楽教育の外側に属する人たちから「情操教育」への疑問が指摘され、さらに音楽教育に関わる内側からも自己言及されはじめる。また同時に、子どもへのしつけとしての情操教育の必要性を訴える議論が現れだす一九六八（昭和四三）年の学習指導要領改訂は、音楽教育における「情操」概念が一定の方向性を定めた時期であるといえよう(4)。この間の音楽教育史を詳細に検討すれば、音楽教育における「情操」概念がいかに形成されていったのかも明らかになるかもしれない。

そこで次章では、日本における「情操」概念のルーツを辿りつつ、教育の世界において、「情操」という概念がどのような過程を経て目標とされるに至ったのかを明らかにしていく。

註

（1）本書において「一九六八（昭和四三）年版」などと示す場合の「年」は、学習指導要領の改訂年を指す。

（2）「情操」概念のルーツについては第二章で詳述している。

（3）雑誌『音楽教育研究』では、一九六〇年代後半から一九七〇年代初頭を中心に、音楽教育における「情操」の問題を取り扱った論文が発表されている。以下に代表的なものを挙げておく。松井三雄（1968a）、杉中巧（1970）、宮瀬重美（1971a; 1971b; 1971c）、久納（1972）など。

（4）一九六八（昭和四三）年は、文化などあらゆる分野における変革が日本だけでなく、世界中で同時多発的に起こった転換点である。一九六八（昭和四三）年という象徴的な年に関わる研究は歴史学、政治、文化、サブカルチャーなど、さまざまな切り口から論じられている。本書で一九六八（昭和四三）年を戦後音楽教育史の一つの画期とすることを、従来の一九六八（昭和四三）年研究にどう位置付けていくのかについては今後の課題としたい。一九六八（昭和四三）年に関する研究としては、絓秀美（2006）、絓編（2005）、西田慎ほか編（2015）、四方田犬彦（2008）、四方田ほか（2010）を参照した。

第二章　諸井三郎が描いた戦後音楽教育

「音楽教育即情操教育」の孕む曖昧さ

日本における「情操」概念のルーツ

日本において「情操」という言葉はいつ頃から、そしてどのような経緯で用いられるようになったのか[1]。「情操」とはもともと英語の「sentiment」にあてられた訳語である。この訳語を採用したのは西周であるとされている。日本における「情操」という語の初出について、礒部洋司は一八七九（明治一二）年発行の『奚般氏著　心理学　下冊』を挙げている。そして、実際に影響力を持った書物として、一八八一（明治一四）年に発行された当時の哲学事典である『哲学字彙』を挙げている（礒部 1998）。これ以降、「情操」という訳語は心理学書、教育学書に使われはじめ、少しずつ一般化していく。一般的な辞書に「情操」が登場する時期としては、一九〇七（明治四〇）年発行の『辞林』にはじまり、その後、一九〇八（明治四一）年『国民大百科事典』、一九一六（大正五）年『大日本国語辞典』、一九二二（大正一一）年『改修言泉』と続いていく。佐々木正昭によれば、「情操」という語が日本において市民権を獲得したのは、おおよそ「明治時代一杯乃至は大正初期までの時を要した」（佐々木 1980: 42）とされている。

「情操」という訳語をあてられた概念は、当時どのように輸入されたのだろうか。明治期の心理学や教育学を中心とする文献を参考に概観しておきたい。一九〇二（明治三五）年に発行された伊賀駒吉郎による『感情教育論』では、「人間の特有感情」（伊賀 1920: 376）であるところの「情操」について、情緒と比較しながら論じている。伊賀は、情緒の主なものとして、いわゆる喜、怒、哀、楽、愛、悪、憎を挙げる。さらに、情緒は身体的なものとの関係が深く、一方の「情操」はむしろ精神的なもので、情緒のように一瞬のうちに発現するものではなく、ある程度の持続性を持った、利害とは無関係の高尚な状態であるとされる。また、「情操」とは日常生活に影響のあるものではなく、人格を高尚にする効能があるものとされる。したがって、情緒のように日常生活の中で自然と培われるようなことは少ないために、学校教育において「情操」を養うことの必要性が述べられるのである（*ibid*.: 375–382）。

つまり、「情操」とは、「一種の好ましい態度のようなもの」といってよいだろう。したがって、伊賀が「愛国心は一種の高尚な情操である」（*ibid*.: 378）というのは、常に心のどこかに持続的に存在しているような態度を備えた状態のことを意図しているということである。いわば「高尚な状態である」ところの情操は、知的（知能的、智識的）情操、（審）美的情操、道徳（倫理）的情操、宗教的情操の四つに分類されることが多い。音楽（唱歌）教育を含む、芸術に関係することの多い美的情操は、当時の心理学関係の文献では「美醜ニヨリ快苦ヲ覚ユル感情」（後藤ほか 1905: 51）、「単純なる審美的情操は美の情操及醜の情操の二種なり」（十時 1904: 144）などとの記述がなされており、おおよそ美醜を判断することのできる状態のことを指していた。

まとめると、「情操」とは高尚なもので、いわば人格の完成における究極目標とでもいえるものであった。こうした漠然とした「情操」について佐々木は次のように述べている。

> 心理学が学としての独立性を強め、化学的、実験的性格を確立するにつれて「情操」の概念のあいまいさが問題にされ、心理学の主要な関心事ではなくなってきている。（佐々木 1980: 50）

もちろん、心理学の分野から「情操」という語が全くなくなってしまったわけではない。また、佐々木が述べるように、「情操」はむしろ音楽を含むさまざまな場面で多く取り上げられている。彼はさらに続ける。

> 「情操」は哲学上のこれら〔真善美〕の区分に対応する価値感情として、心理学に思弁的に応用されたにすぎないのであり、これが教育上涵養すべき人間の最高位の情として明治初期の教育応用心

理学の中で説かれてきたということなのである。このように考えれば「情操」という用語の持つ極めて抽象的、観念的な性格が理解できるであろう。明治初期心理学においてかなり重視された「情操」という用語および概念が、心理学がその独立性と科学性を強めるに伴ってその主要な関心事となり得ず、単に感情の一部として極めて記述的に記されるか、無視されるようになるのもここに起因するのである。事実「情操」は、明治二〇年代以降、哲学、心理学の手を離れて、教育（学）上の用語乃至は徳目として重視されていくのである。（*ibid.*）

つまり、心理学において観念的、抽象的な色が強い情操について分析的な記述をするのは難しいが、その一方で人格の完成という理想を掲げ、そこをめざして子どもを育んでいく、という教育の分野において、「情操」という概念は非常にマッチしたものとして積極的に採用されるに至ったと考えられる。

では、日本の教育において、「情操」という言葉が使われだしたのはいつからなのか。

これについて儀部は、一九〇一（明治三四）年の「中学校令施行規則」中の「道徳上ノ思想及情操ヲ養成シ」という一文を皮切りに、教育において「情操」という言葉が使われ始めたと指摘している（磯部 2002）。さらに、儀部は、音楽科において初めて「情操」という言葉が見られるのが一九三五（昭和一〇）年の『青年学校教授及訓練科目教授要旨』中の「音楽ニ関スル事項ハ高雅ナル情操ヲ養ヒ国民精神ノ涵養ニ資スベキモノヲ選ビテ授クベシ」であると指摘している（*ibid.*）。

表2を見ると、「小学校教則大綱」においては、まず耳と呼吸器を鍛えることが挙げられ、その後に「美の弁知」と「徳性の涵養」という目標が並置されている。続く「小学校令施行規則」では、呼吸器などを鍛えるといった目標は見られず、「美の弁知」という言葉が「美感の養成」に置き換わり、「徳性の涵養」とともに目標となっている。続いて「中学校令施行規則」や「高等女学校令施行規則」では、さきほどの目標に加え心情を高潔にすることが加えられている。一方「国民学校令施行規則」「中学校規程」「高等女学校規程」では、「美感の養成」という目標はなくなり、「徳性の涵養」は「国民的情操の醇化」という目標に取って代わっている。この表を見渡してみると、当初は「美の弁知」や「美感の養成」と「徳性の涵養」とが並置されていたところから、「国民学校令施行規則」において、「国民的情操の醇化」が音楽教育の主目標となる過程を見渡すことができるだろう。

戦前の音楽（唱歌）教育に見る「情操」

では次に、それぞれの目標について、当時の音楽（唱歌）教育との関連から考えてみたい。日本の音楽教育は、すでに述べてきたように、まずもって唱歌教育から始まった。そして、唱歌教育においては「徳性の涵養」が目標の中心として置かれていた。先行研究において澤崎眞彦や藤原政行が指摘するように、「徳性の涵養」とは、一八七九（明治一二）年に示された「教学聖旨」や一八

表2　音楽（唱歌）科に関する目標の変遷（1891～1947年）

西暦	法規名	条文
1891年	小学校教則大綱 第10条	「唱歌ハ耳及発声器ヲ練習シテ容易キ歌曲ヲ唱フコト得シメ兼ネテ音楽ノ美ヲ弁知セシメ徳性ヲ涵養スルヲ以テ要旨トス」
1900年	小学校令施行規則 第９条	「唱歌ハ平易ナル歌曲ヲ唱フコトヲ得シメ兼テ美感ヲ養ヒ徳性ノ涵養ニ資スルヲ以テ要旨トス」
1901年 （３月５日）	中学校令施行規則 第12条	「唱歌ハ歌曲ヲ唱フコトヲ得シメ美感ヲ養ヒ心情ヲ高潔ニシ兼テ徳性ノ涵養ニ資スルヲ以テ要旨トス」
1901年 （３月22日）	高等女学校令施行規則 第２条	「音楽ハ音楽ニ関スル知識技能ヲ得シメ美感ヲ養ヒ心情ヲ高潔ニシ兼テ徳性ノ涵養ニ資スルヲ以テ要旨トス」
1936年	教学刷新に関する答申	二、学校教育刷新に関する実施事項 （二）学科目ニ関スル事項 「ヲ　武道・芸道・作法並ニ我が国芸術ニ関スル教養ハ弥々コレヲ重視シ、以テ精神的情操的陶冶ニ努ムルコト肝要ナリ」。
1941年	国民学校令施行規則 第14条	「芸能科音楽ハ歌曲ヲ正シク歌唱シ音楽ヲ鑑賞スルノ能力ヲ養ヒ国民的情操ヲ醇化スルモノトス」
1943年	中学校規程 第６条	「芸能科ハ国民生活ニ須要ナル芸術技能ヲ修練セシメ工夫創造及鑑賞ノ力ヲ養ヒ国民的情操ト実践的生活トヲ陶冶シ我ガ国芸能ノ創造発展ニ培フヲ以テ要旨トス」
1943年	高等女学校規程 第７条	「芸能科ハ国民生活ニ須要ナル芸術技能ヲ修練セシメ工夫創造及鑑賞ノ力ヲ養ヒ国民的情操ト実践的性格トヲ陶冶シ生活ノ醇化充実ニ資セシムルヲ以テ要旨トス」
1947年	学習指導要領・音楽編（試案）	「音楽美の理解・感得を行い、これによって高い美的情操と豊かな人間性とを養う」

八〇（明治一三）年の教育令改正や一八八一（明治一四）年の「小学校教則綱領」により、儒教主義を中心とする、徳育の側面が重視されたことに端を発する（澤崎 1995; 藤原 1999）。伊澤修二も『洋楽事始』において音楽と教育の関係について述べており、プラトン流の長短二音階が性格に及ぼす影響や、健康上の効果に続いて、道徳についても音楽教育が有効であると考え、「唱歌の教育上に関し、特に体育及び徳育に資するの大なるは自ずから明了なるべし」（伊澤 1884: 113）と述べている。また、一八八二（明治一五）年の事業報告においても、伊澤は同じように唱歌教育の本質を健康と道徳において捉え唱歌教育を「徳育」に位置付け、子どもには勇壮な進撃の歌、両親を愛する心情を養うための歌や、尊皇の志気や愛国心を養うための歌などを挙げている（東京芸術大学百年史編集委員会編 1987: 116–119）。

さて、その後の音楽取調掛における音楽教育の経過報告においても、「唱歌伝習以来自然体育上及徳育上ニ感化ヲ及ホシタルハ既ニ見ルベキ所アルモノノ如シ」（*ibid*.: 64）と述べ、実際に徳育上の効果があることを報告している。唱歌教育は、おおよそこのような流れのなかで「儒教主義的徳育」の思想に基づいて推進されていくことになる。

杉田正夫は明治時代の唱歌教育にヘルバルト主義の影響があったことを指摘している（杉田 2005）。ヨハン・フリードリヒ・ヘルバルトは、教育の目標である道徳の陶冶の根底に美的判断を据え、その典型のものとして音楽を掲げていた。彼は、たとえば音楽における和声のような客観的な形式によって美学を基礎づけるという形式主義を提唱していた。ヘルバルトは、さらにこうした形式には音楽や色彩のみならず、連想や思想までもが包含されるとし、形式的関係の意志関係における美、つまり道徳美にも援用した（*ibid.*）。

明治三〇年代になり、ヘルバルトの考え方を音楽教育に適用したのが田村虎蔵である。田村は、唱歌教授の目標にある「美感の養成」とは、美に関する情操、つまり美的情操を育むこと（田村 1909: 31–32）であり、さらに音楽に対する美感を育てることが「徳性の涵養」につながるとした。田村は、唱歌教授の目的に身体上の陶冶と精神上の陶冶の二つを挙げる。身体上の陶冶とは、耳や喉の発達、唱歌の技能の養成など、いわば実質的な陶冶であり、一方精神上の陶冶とは、当時の唱歌教育の目的になっていた「美感の養成」であり、また「徳性の涵養」であった。当時、「徳性の涵養」は本来的には修身教育が担うものであったが、唱歌科も、間接的に「徳性の涵養」につながっていくと考えられていた。田村は、ヘルバルト主義を援用することで、「美感の養成」と「徳性の涵養」を、つまり唱歌を学ぶことで人間性が向上するというロジックを結びつけたのである。

一九四一（昭和一六）年三月一日になり「国民学校令」が出され、その第一条で「国民学校ハ皇国ノ道ニ則リテ普通教育ヲ施シ国民ノ基礎的錬成ヲ為スヲ以テ本旨トス」と述べられ、皇国民錬成のための目的が掲げられる。この目標を具体化するために同年三月一四日に出された「国民学校令施行規則」の第一三条では、芸能科全体について「技巧ニ流レズ精神ヲ訓練スルコトヲ重ンジ」ることが重要であるとされる。さらに「芸能科ハ国民ニ須要ナル芸術技能ヲ修練セシメ情操ヲ醇化シ」と情操を醇化させることが述べられている。芸能科音楽についても「国民的情操ヲ醇化スルモノトス」と目標が設定されている。山本文茂は、こうした目標設定について「芸能科音楽は、皇国民の錬成という国民学校の大目的を実現するために、情操教育の面から国民精神の涵養に奉仕するという根本的使命を担っていた」（山本 1999a: 269）と指摘する。また、権藤敦子が指摘しているように、芸能科音楽成立過程において、唱歌科や図工、手工、行事などをまとめて「情操科」という科目を設定する案が出されていた（権藤 1999: 255）ことからも、いかにこの時代に「情操の醇化」、つまり望ましい態度、あるいは雰囲気の醸成が重要視されていたかがわかるだろう。

ではここで、国民学校時代の『ウタノホン　上　教師用』での記述をもとに、当時の芸能科における情操について見ていきたい。芸能科は、第一に「皇国の道に則って初等普通教育を施し国民の基礎的錬成をなすにある」と述べられ、そして国民の錬成とは、「抽象的な個人の人格の完成とか、自我の実現の為の教育ではなく、具体的に忠良な皇国臣民を錬成する為の芸能教育であり、又、国境を越えた単なる人間性の教養ではなく、歴史的な日本国民性の錬成の為の芸能教育であらねばならない」とされる（仲ほか編 1983: 335）。次に、国民学校教育において芸能科が担う部分について「国民学校教育の一分節として、芸能科の分担する部面は、芸術と技能の修練であり、要するに情操の醇化といふことにある」（*ibid*.: 334）と述べられている。つまり、「情操の醇化」とは、芸術と技能の両面を鍛えることによって成し遂げられるところのものとしてここでは考えられている。芸術と技能の関係についてはは以下のような位置付けがなされている。

芸術は主として美的な価値の表現活動であり、技能は広い意味では芸術を含むが、どちらかと云へば実用的・実際的な価値の表現活動である。しかし、芸能科の中にこの二つが二元的に併立するのではなく、又、芸術と技能とが別々に先づあって、之を組合わせて芸能科ができるのでもなく、本来一体である芸能的活動の両極をなすにすぎないのである。即ち芸術は技能を反極としてもち、技能は芸術を反極としてもち、共に情操を基調とした生活態度の現れであり、共に行動を通し、物を素材として、合理的に形成してゆく表現の活動を中心とするものである。（*ibid.*）

こうした言葉に注目すると、「情操の醇化」には、芸術教育による美的な部分も含まれていることがわかる。国民学校時代においては、その目標は皇国民の雰囲気の醸成であり、芸能科音楽の目標から以前のような「美感の養成」という文言は削除されていた。しかし、『ウタノホン　上　教師用』での記述から「情操の醇化」の中に美的情操の陶冶は含まれていることがわかる。つまり、国民学校の時代においても美的情操の側面は決して等閑視されていたわけではなかった。

諸井三郎と学習指導要領（試案）

終戦を迎え、戦後新教育の推進において重要な役割を果たしたとされる『新教育指針』[2]における芸能に関する記述をここで見ておきたい。一九四六（昭和二一）年に出された『新教育指針』では、戦後の日本において、芸能とは、生活に与えられるゆとりや潤いであり、人生にくつろいだ気分をもたらすような生活を送ることが推奨される。芸能文化とは、精神的な慰安やあるいは「たしなみ」として必要であると位置付けられる（文部省 1946: 99）。さらに、戦前への反省の意味を込めてか、芸能文化は「それ自身は人生の目的として追求せらるべく、他の目的の手段であってはならない」（*ibid.*: 100）とされる。

しかも、芸能文化は単なる慰安にとどまらず、精神的に高尚な「美」によって深い人生あるいは豊かな世界を見出し「人間性をのびのびと発展させる」（*ibid.*）ことがめざされ、美は統一と調和から成り立ち民主的で平和な社会へとつながっていくとされる。

> 芸能においては、それを構成する個々の要素が、それぞれ固有の特質を発揮しながら、全体としてよく統一調和を保つことによって、美しさをあらはすのである。それはあたかも民主的な社会において、人々がそれぞれの個性を発揮しながら、秩序と協同とによって結びつき、平和な生活をいとなむことと同じ原理に立っているのである。（*ibid.*: 101）

『新教育指針』では、戦後日本において求められる人間性と芸能文化が結びつけられている。では、こうした指針と戦後の音楽教育の目標はどのように関連しているのだろうか。

諸井三郎は一九〇七年（明治四〇）、東京都に生まれる。中学三年生の頃に作曲家を志し、ハインリヒ・ヴェルクマイスターなどに作品を見てもらいながらほぼ独学で作曲を学んだ。そして一九二七（昭和二）年、東京帝国大学文学部美学美術史科在学中に友人河上徹太郎らとともに「スルヤ楽団」を結成し、作曲活動を行なった。一九三二（昭和七）年から二年間ドイツに留学し、レオ・シュラッテンホルツの下で作曲の手ほどきを受け、戦前は作曲家として精力的な活動を行なった。また一九三一（昭和六）年から山根銀二と雑誌『音楽研究』で評論活動を行うなど、その活動は多岐に亘る。

諸井三郎（1903–1977）

諸井の音楽思想を一言でいうなら、「自律的音楽美学」に要約できるだろう。エドゥアルト・ハンスリックやフーゴー・リーマンなどの音楽美学思想をベースに書かれた卒業論文「音楽形式の原理」や、その後に出版される『音楽形式』などからも、彼が徹底して「音楽そのもの」を捉えようとしていたことが窺える。もちろん、諸井によるこうした音楽思想は、学習指導要領（試案）の内容にも大きく影響している。[3]

戦後間もない一九四六（昭和二一）年一月に、民間人の登用という総司令部の考えのもと、当時さまざまな方面で活躍していた諸井に声がかかり、文部省社会教育局へ入局する。そこで彼は学習指導要領（試案）の編纂という大役を任される。音楽教育の専門家でなく、（芸術）音楽の専門家を視学官に招いたという大胆な人事を、菅道子は、「情操教育の手段ではなく音楽そのものを目的とする芸術教育としての立場を取った戦後の音楽教育の在り方」（菅 1990: 5）を示すものであると指摘している。

さて、彼の音楽教育論を語る上で押さえておきたいのは、一九四七（昭和二二）年に出された学習指導要領・音楽編（試案）において目標として掲げられた次の文言である。

> 音楽美の理解・感得を行い、これによって高い美的情操と豊かな人間性とを養う。（文部省 1947: 1）

この目標が掲げられた一九四七（昭和二二）年版の学習指導要領（試案）の内容は、菅による先行研究（菅 1990）や、諸井自身の発言からも、彼が中心となって執筆したものであることが明らかにされている。ここには諸井の音楽教育観が大きく反映されており、また戦後の音楽教育を方向付けるエッセンスが凝縮されている。続けて諸井は次のような見解を示している。

> 音楽教育は情操教育である、という原則は今も昔も少しも変わっていない。しかし、その意味の取り方は従来必ずしも正しい方向にあったとはいえない。音楽教育が情操教育であるという意味は、目標の一に掲げたように、音楽美の理解・感得によって高い美的情操と豊かな人間性を養うことである。従来の考え方のうちには音楽教育を情操教育の手段として取り扱う傾きがはなはだ強かった。即ち、情操を教育するために音楽教育を行うという考え方である。（*ibid*.: 1）

つまり、「情操」を養うために音楽教育があってはならない、ということであり、情操教育そのものは否定されているわけではない。

そこで音楽教育が情操教育であるという意味は、音楽教育即情操教育ということで、音楽美の理解・感得が直ちに美的情操の養成となる。であるから、われわれは正しいそして高い音楽教育を行うことができれば、それが直ちに正しく高い美的情操の養成となる。（文部省 1947: 1）

このように、諸井は音楽そのものの美を感じることがそのまま情操教育に直結すると述べている。さらに彼は情操教育の内容について次のような効果を期待している。

音楽美の理解・感得によって美的情操を養成すれば、その人は美と秩序とを愛するようになり、それはとりもなおさず社会活動における一つの徳を養うことになる。これは音楽の社会的効用の一つである。またリズムの体得は人間の活動を能率的にするであろう。その他合唱や合奏における美と秩序とにもとづく訓練は、人間の社会生活や団体生活における秩序の維持の上に大いに役に立つ。合唱や合奏が音楽的に完成するためには、各人の眞に自発的な協力がなければならない。だれひとりとしてわがままな行為は許されないのである。わがまま勝手な行動は直ちに音楽の美を破壊する。このような合唱や合奏における訓練は、音楽の持つ社会的効用として高く評価されなければならな

い。 (*ibid.*: 4)

では、『新教育指針』の内容とも重なる部分の多いこの文言について検討を加えるために、彼自身によって語られる音楽教育論を紐解いてみたい。諸井は前述の学習指導要領（試案）が出されたのと同じ年に『音楽教育論』(1947a）という文献を著している。以下ではこの文献を足がかりに彼が戦後の音楽教育をどのように方向付けようとしていたのかを見ていく。『音楽教育論』の中で諸井が目論んでいたことは、第一に音楽教育による音楽社会の建設である。

音楽という問題を日本の将来と結びつけて考えると、日本が立派な音楽を持つことが希望され期待される (諸井 1947a: 5)

さらに彼は続ける。

立派な音楽の内容はただ立派な作品があるというだけでなく、演奏も出版も楽器もレコードも聴衆も含まれている。中でも聴衆換言すれば社会は極めて重要な働きを持っている (*ibid.*)

つまり彼は、音楽社会を、芸術家だけでなく、それを理解することのできる社会、すなわち聴衆との相互作用によって生まれるものであると考えていた。これは彼の音楽教育論を考える上で重要な視点である。また、この言葉には、自身が作曲家（＝芸術家）であったということも大いに関係していたと考えられるだろう。かいつまんでいえば、諸井は戦後の音楽教育によって、いわゆるクラシック音楽を理解できる社会（＝聴衆）を育てようと目論んでいたのである。(4)

音楽教育の根本方針は、音楽美の把握という点におかれなければならなくなり、この考えは従来の、音楽を通して国民に教訓を与えるという考え方に反対するものである　（*ibid.*: 8〔傍点筆者〕）

こうした音楽教育観があった上で、諸井は「音楽美の理解・感得」と述べているのである。諸井が学校教育でめざしたものは、何よりも「音楽の美しさ」を理解するための能力であった。そしてそのために必要とされたのが、音楽を分析し、批判的に聴く、といった能力なのである。ここに戦後の音楽教育が芸術教育として一新された所以を確認できる。諸井は、音楽そのものの美しさを感じ取る能力を培う事を音楽教育の目標に設定した。そしてその基底には「自律的音楽美学」が据えられているのである。

さて、これまではおもに学習指導要領（試案）の目標の前半にあたる、「音楽美の理解・感得」という文言の中に込められた諸井の思想を概観した。ここで次に目標の後半の「高い美的情操と豊かな人間性」という文言について考えてみたい。

先述の通り、戦後の音楽教育を芸術教育としてスタートさせようとした諸井は、戦前の音楽教育における情操教育的な側面を次のように批判する。

> 音楽を通じて教訓を与えるという考えは、音楽を手段として取り扱っている点に一つの誤りがあり、又その教訓は日本人を一つのタイプにつくり上げるためのものであるという点においてもう一つの誤りがある（*ibid.*: 11）

諸井は戦前の音楽教育、つまり唱歌教育を、人間をある一つの型にはめ込もうとする類いのものであるとして批判しているのである。彼はまた次のように述べている。

> 過去の唱歌教育においては、楽曲の持つ律動や旋律や和声や形式の如き音楽的要素には大した感心は払われず、専らそれの持つ歌詞が問題にせられた（諸井 1953: 277–278）

つまり、戦前の唱歌教育で問題となっていたのは教訓的な歌詞であり、「音楽そのもの」は等閑視されてきた、と彼はいうのである。また、実際のところ、諸井は器楽教育に積極的であった(5)。器楽と音楽教育との関連について彼は次のようにいっている。

器楽独立の歴史の内、音楽教育的観点から特に重要視しなければならないのは、それがヒューマニズム発展の歴史と並行している点である

(*ibid*.: 283)

諸井は、器楽の発展と人間性の向上とを結びつけて考えようとしている。ここにも彼の「自律的音楽美学」の思想の影響を見て取ることができるだろう。こうした考えのもと、諸井は自身の理論を展開する。諸井は、学習指導要領（試案）の目標で「音楽美の理解・感得」によって「高い美的情操」と「豊かな人間性」が得られると述べているが、それはどのように成し遂げられると考えているのか。諸井はいう。

音楽はそれ自身で目的である。何故ならば、よい音楽は直接高貴な人間性の発露であるから、そのような音楽美にふれることによって直ちに人間性が高まるのである

(諸井 1947a: 10)

諸井は音楽美を理解・感得することによって直ちに人間性が高まると考えている。さらに彼は「人間性を高めることこそ永遠不滅の理想」であるとまで述べている。

ここで彼は「音楽美の理解・感得＝人間性の向上」と簡潔に述べているが、事態はそれほど単純ではない。というのも、諸井は「自律的音楽美学」の立場を取りながらも、音楽を学ぶことによって人間性が向上するということを、まるでそれが自明のことであるかのように述べているからであ

る。ただ、それだけにこの図式は諸井の音楽教育観の中でも興味深い点であり、また戦後の音楽教育がこの目標をもとにスタートしたことを考えれば、この図式は議論の余地があるとも考えられるだろう。では次に、「音楽美の理解・感得＝人間性の向上」という図式がどのようにして成立し得ると諸井が考えたのか見ておきたい。

これまでに述べてきた通り、諸井は芸術教育を志向していたが、そこで想定されている音楽はクラシック音楽であった。彼は音楽を聴く態度として「娯楽」と「教養」の二つを挙げて論じている。彼はこの二つの態度は厳密に分けられるものではないと前置きした上でこの二つの態度について次のようにいう。

> 娯楽はそれをただ楽しむということでしょうし、教養といえば楽しむだけでなく、それによって自分の人間としての価値を高めることを意味します（諸井 1949: 226）

さらに彼は教養の中にも「音楽を装飾的な外面的な見栄としてやろうというような低い教養と、もっと内面的な人間的な深い教養」（*ibid.*: 226–227）があると述べる。そして最終的には音楽を高い教養として取り入れることを望んでいる。彼のいう高い教養としての態度とはどういうものであったのだろうか。

もちろんそこで想定されていたのは、彼のバックグラウンドにあった西洋のクラシック音楽である。(6) 彼は将来的には中学校でオーケストラをやるようにしたい、と述べ、さらに「国民はヨーロッパ音楽の教養を身につける必要があります」(*ibid.*: 243) と述べている。

つまり、高い教養としての芸術音楽を学ぶことにより、人間性が高められると彼は考えているのである。また先に取り上げた器楽教育の重要性も、この高い教養と関連するものであるといえるだろう。諸井は、音楽教育が「高い教養」であるとされる芸術音楽を中心に行われ、またそれは正しい音楽の読み方である楽曲分析を中心とする音楽美の理解・感得を通じて行われるものであると考えていた。このように、諸井は、音楽による情操教育、あるいは徳育の側面についても述べている。諸井自身はハンスリック流の「自律的音楽美学」を信奉していたが、こと音楽教育についていうなら、むしろ田村などのヘルバルト主義に近い。芸術を理解する力、つまり音楽美の理解・感得だけでは音楽教育たりえない。音楽が教育である以上、教育上の効果を蔑ろにすることはできない。そうして生まれたのが「音楽教育即情操教育」という独特の言い回しなのである。

かつて諸井に師事していた柴田は、次のように回想している。

わたくしは、今回、新学習指導要領の冒頭の《第一 目標》の字句を読んで、ハタと思い出したことがある。それは戦後まもなく文部省に入って視学官となり、今日の器楽教育の基礎作りを果した故諸井三郎先生がある時、ふと洩らされた言葉だ。それは、音楽科は本来、芸術教育なのだけれど、文部省ではどうしても情操教育というとらえ方をしたがるのでねえ、という嘆息に近い述懐であった。昭和二十年代の前半頃、もちろん先生が現職だった時代のことだ。

（柴田 1983: 212）

こうした発言からは、諸井が文部省の方針を汲む形で音楽教育を構想していた、という当時の事情を読み取れるだろう。以上のことから、諸井は情操教育という言葉を使わざるをえない状況にあったのであり、そうした意味において、戦前から戦中、および戦後において、情操教育を重視する点は連続しているといえる。

さらに諸井から視野を広げ当時の音楽教育界に目を向けると、新教育における音楽教育の理念および情操教育の取り扱いについて、その方向性は必ずしも一致しておらず、そのあり方について議論が交わされていく。

「音楽教育即情操教育」の孕む曖昧さ

雑誌『教育音楽』は、一九四六（昭和二一）年に創刊号が刊行された。刊行当初は唱法や合奏の方法、器楽指導など、戦後の音楽教育がどのように教えられるべきなのか、その具体的な方法論とともに新教育音楽の理念や教師の心構えについて書かれた論文も散見される。ここではその理念に関する論文をいくつか取り上げ、新音楽教育における理念がどのように論じられているのか、その方向性を明らかにしていく。

創刊号では、小松耕輔が「教育音楽家の重責」という論文の中で、「文化国家としての我が国を建設するための重要な礎石の一つたらんとしておるものである」（小松 1946: 1）と述べ、文化国家建設における「教育音楽」の重要性が宣言される。

小松は、戦後の日本人の心を、音楽教育によって立ち直らせようと考えている。彼は、敗戦の理由を、「文化を無視し国民の情操陶冶を怠り一意利益の追求と武力の過信によって生じたものである」（*ibid*.: 2〔傍点筆者〕）としている。ここでは明らかに音楽における情操教育の重要性が述べられている。さらに彼は続けていう。

> 音楽は云うまでもなく人類に愛と平等、平和と協調とを教え、人間生活の根元を植えつけるものである。もし音楽を単なる娯楽の一種とのみ見るものがあるならば浅見も甚だしいと云わなければならぬ。（*ibid*.〔傍点筆者〕）

小松は、音楽によって「情操」を陶冶し、戦後の荒廃した日本人の心に、愛と平等、平和と協調とを教えようとしていたのである。小松の考え方というのは、一見するととてもわかりやすいものである。しかしその反面、この言葉だけでいえば、戦前は音楽によって徳目を教え込もうとしていたのが、単に愛と平等、平和と協調とに代わっただけで、音楽教育によって人間をある望ましい方向へと導こうとしている点に変わりはないと考えることもできる。

こうした宣言がなされた背景には、もちろん、戦後の教育が日本人、ひいては日本を建て直すことを目的としていたということもあるだろう。そしてまた戦前の音楽教育に対する自戒の意味も込めた強烈な揺り戻しとしての言葉でもあろう。

さて、こうした小松の宣言に対してなのか、諸井は同年六月に「今後の音楽教育」と題する論文において「音楽教育を情操教育の手段とする考え方を捨てて、音楽教育即情操教育という立場に立っていくべきであります」（諸井 1947b: 8）と述べている。ちなみに、学習指導要領・音楽編（試案）は一九四七（昭和二二）年六月二五日に刊行されており、そして、この雑誌の特集は「新音楽教育の出発」となっている。これらの点を踏まえると、諸井は、戦後の新しい音楽教育を考える上で、情操陶冶が前面に出てしまうことを避けるために、音楽そのものの教育が第一で、情操教育はそれに自然に付随してくるものである、という考え方を控えめに宣言していると考えることができるだろう。

その後、一九四七（昭和二二）年七月号の誌上に、「新音楽教育を語る」と題された座談会が掲載される（小出ほか 1947）。ここでは、司会の小出浩平をはじめ、諸井や小松を含む六名の音楽教育に関する専門家が参加している。この座談会では、新しい音楽教育を推進するにあたって、音楽教師をいかにして養成するか、楽器をどう調達するかなどのトピックが取り上げられている。その中に「民主主義と音楽」という項があり、音楽と戦後日本のめざす民主主義がどのように関わっていくべきなのかについて論じられている。

小出は、司会者として戦後の音楽教育と戦後の民主主義との結びつきはどうあるべきか、と発問する。これは、新音楽教育が戦前の軍国主義的教育の色彩を帯びていた音楽教育を一新しようとして思いから出たものであると考えられる。しかし出席者たちは過去の反省からなのか、音楽を政治的に利用することに対してかなり慎重になっている。増澤健美は小出の発問に対して次のように答えている。

音楽それ自体は本来民主的なものだと思うのですが、日本では過去において政治的な意味で音楽を利用しすぎていると思うのです。もっと単純に先程から話題に上っている個々の人間の情操を目標として、音楽をやって行けばいいのじゃないかと思いますね。これまでの日本では音楽を政治的に利用し、音楽の教材にしてもその歌詞内容上国家主義的なもの或は軍国主義的なものが多かったからこそ、そういうものが問題になるので、またそれを反動的に逆の政治的方向に持って行くというよりも、もう一度白紙に還して考え直してみる必要があると思うのです。(*ibid*.: 10)

増澤は、音楽それ自体を民主主義的であると認めつつも、戦前・戦中の反動として音楽が政治的イデオロギーとしての民主主義に利用されることを避けるべきであると主張している。こうした増澤の主張に対して諸井も次のように応じている。

増澤さんのおっしゃったことは賛成なんでして、音楽教育が政治だけでなくいろいろなものに利用されたり手段として使われてきたりしたと思うのです。例えば音楽は情操教育ですけれども、情操教育の手段ではない。僕は音楽教育をやることがそのまま情操教育だと思う。ですから音楽教育を情操教育の手段と考えると、音楽教育はむしろ低下するのじゃないか、もっと純粋に音楽教育は音楽を教育することで一貫して行くべきじゃないかと、考えております。(*ibid*.: 10–11)

そしてさらに増澤は続けて「音楽それ自体民主的なものだと思うのですが、それをここで改めて政治的な民主主義と結びつけるということは、ちょっとヘンな感じがする」(*ibid*.: 11) と述べ、改めて音楽の政治的な利用を避けるべきことが明言される。

ここで主張されていることは、音楽それ自体は民主主義的であるものの、音楽教育と、政治的な意味での民主主義とを結び付けるべきではないこと、そして音楽教育それ自体は情操教育的側面があるものの、情操教育が目的になってはならない、ということの二点である。こうした考え方というのは、まさに戦後の音楽教育の基本的な立場であるといえるだろう。増澤にせよ諸井にせよ、彼らは音楽そのものの美、あるいは音楽の純粋性、という考え方を音楽教育にも当てはめて考えようとしているのである。

しかし、音楽教育の純粋性を志向しながらも、「音楽それ自体民主的」であるとか、「音楽は情操教育」などと述べ、音楽教育と民主主義や情操教育との関わりを留保しているところに、戦後新音楽教育の限界があるともいえるだろう。小出はこの座談会の最後の方で次のように述べている。

> 音楽は宗教的にも道徳教育にもゼネストにもいろいろな方向に利用されるということは、一面われわれの生活に音楽がいちばん大切であることを証明していると思う。ただ音楽を扱う行政官の考えがぐらぐらしているので、その点をわれわれがはっきりさせれば、音楽行政もはっきりしていくのじゃないか。
>
> (*ibid.*: 15〔傍点筆者〕)

小出は文部省の出す音楽教育への方針の曖昧さを指摘している。この曖昧さには、音楽教育と民主主義であるとか、情操教育との関わりをどう捉えるかも含まれているだろう。あえていうなら、文部省による試案が発行されて以降、そこに見られる曖昧さを、教育家や教師など、諸井以降の音楽教育に携わる人々が解釈していく。

まとめ

第二章では、戦前から戦中を経て戦後当初に至るまでの音楽（唱歌）教育を通観することで、戦前・戦中と戦後の連続性について考察することを目的としてきた。日本における「情操」という言葉のルーツはおおよそ明治一〇年代に求められ、それが広がりを見せるのは、明治の末から大正にかけてであった。しかし、「情操」は、もともと哲学的な要素が強かったため、初期の心理学から徐々に教育学の分野において抽象的な目標として重宝されることとなった。

唱歌教育が始まった当初、伊澤にとって唱歌とは徳育であった。さまざまな唱歌を学ぶことで、それぞれに応じた徳を学ぶことができると考えられていた。そこから田村は、ヘルバルト主義を援用することで、「美感の養成」と「徳性の涵養」とを結びつけようとした。また、国民学校時代においては、皇国民の錬成のため、「国民的情操」が目標とされていたが、その情操には、美的な価値も包含されていた。その配置こそ背景に押しやられているものの、美育の観点もそこには含まれていた。そして戦後当初の諸井が中心となって作成した学習指導要領・音楽編（試案）では、音楽教育は芸術教育であると標榜されながら、音楽を学ぶことで社会的な徳が磨かれるなどと、そのあり方はやはり情操教育的な効果が期待されていた。そうした音楽教育の効果、あるいは音楽教育によって育てたい人間像とは当時の音楽教育家の間でも曖昧なままであった。

これまでの音楽教育史研究では、「戦前＝徳目主義的」だけでなく、美育の観点を意識した教育がなされてきたことが近年指摘されてきている。[7] しかし、学習指導要領において諸井自身が社会的な「徳」や、合唱や合奏が社会生活における秩序の維持に役立つなどと述べているように、大局的な視点から見るならば、戦前と戦後は情操教育という点においても連続したものであるといえるだろう。

戦後当初の音楽教育においては、情操教育への解釈は曖昧なままであった。それはとりもなおさず、佐々木が指摘するように「情操」という概念そのものが持つ曖昧さである。「曖昧ではあるが、とりあえず何となく良いものである情操」をいかに解釈するのかは時代によって異なる。しかし、いずれにせよ音楽教育は現代においてもなお「情操」という桎梏から抜け出すことはできていない状況であると考えられる。

本章では、戦前から戦後を俯瞰し、「音楽教育即情操教育」という言葉を残した諸井の音楽教育論を、戦前から連続する情操教育的な側面を多分に孕んだものとして位置付けようと試みた。それは、諸井を「戦後音楽教育において芸術教育を標榜した」だけでなく「戦前・戦中から残る情操教育という観点を残した」人物として捉えるということである。

註

（1）以下、日本における「情操」のルーツについては、佐々木正昭（1980）と儀部洋司（1998; 1999; 2002）による先行研究を参照している。

（2）『新教育指針』は二部構成となっており、第一部は前後二編からなる。前編では新日本建設の根本問題として①日本の現状と国民の反省、②軍国主義および極端な国家主義の除去、③人間性、人格、個性の尊重、④科学的水準および哲学的・宗教的教養の向上、⑤民主主義の徹底、⑥平和的文化的国家の使命の六章からなる。後編では新日本の教育の重点として①個性尊重の教育、②公民教育の振興、③女子教育の向上、④科学的教養の普及、⑤体力の増進、⑥芸能文化の振興、⑦勤労教育の革新の七章から構成されている。第二部では新教育の方法では①教材の選び方、②教材の取り扱い方、③討議法などについて述べられている（文部省 1972: 688–689）。

（3）諸井のプロフィールについては主に菅（2005）を参照した。

（4）諸井によるクラシック音楽を中心とする鑑賞教育について、詳しくは西島千尋（2010）を参照。

（5）諸井による器楽教育については中原都男（1970）を参照。諸井は戦後間もなく新しい音楽教育を創始しようとしていた京都の音楽教育家たちに招かれた。ちょうどその折、地方における音楽教育の発展の必要性を強く感じていた諸井は、並ならぬ意欲を持って、京都の音楽教育の普及に尽力した。そしてそこで重視したのが器楽教育であった。

（6）実際のところ、諸井は日本音楽に対して、興味を持つ若者は少なく、今後衰亡していくのか、あるいは再生するのかは一つの問題である、と傍観者の立場を取っている。

（7）たとえば上田誠二（2010）など。

第三章　文部省が構想した戦後音楽教育

「情操教育としての音楽科」はどのように成立したか

音楽の授業がピンはねされる？

一九五七（昭和三二）年当時は、「道徳特設」と、「教員の勤務評定」という二つのトピックが教育界を賑わせていた。特に道徳の時間の特設については、文部大臣による諮問を受け、一九五七（昭和三二）年度に教育課程審議会が議論を行い、文部大臣に答申している。また、それにともなって、当時の国会でも文教委員会を中心として日教組出身の議員と文部省との間で議論が繰り広げられている。結果を先取りすると、一九五八（昭和三三）年の道徳特設の影響もあり、中学校の音楽科（と美術科）の授業が週あたり一時間削減されるという憂き目にあうことになるのだが、それにあたり教育課程審議会や国会において音楽科の存在意義をめぐる議論がなされている。

そこで本章では、一九五七（昭和三二）年度の教育課程審議会での議論および国会の文教委員会における音楽科の存在意義をめぐる議論に着目し、音楽科に対する文部省の考えを明らかにする。そして、一九五〇年代に二度行われた学習指導要領の改訂に伴う、道徳教育と音楽教育の関係性の変化について論じていく。

戦後の道徳教育は、総理大臣の吉田茂が戦後の教育基本法には日本人に感銘を与えるような教育信条が足りないとした事に端を発する。吉田に三顧の礼で迎えられた（八木 1978: 69）という天野貞祐は、こうした吉田の考えを受け、また自身も道徳教育の必要性を掲げ、一九五〇（昭和二五）年に教育課程審議会に「道徳教育の振興」について諮問する。しかし、教育課程審議会は「道徳科を設ける事は好ましくない」という答申を出した（*ibid.*: 72）。審議会は「道徳教育は学校全体の責任であり、あらゆる機会をとらえて生徒の道徳生活の向上に資するよう努力しなければならない。このため道徳教育を主体とする教科あるいは科目を新設することは望ましくない。道徳教育の方法は、児童生徒に一定の教説を上から与えていくやり方よりは、むしろ児童生徒に自ら考えさせ、実践の過程において体得させていくやり方をとるべきである」（*ibid.*: 72）と述べている。

その後も岡野清豪文部大臣が「社会科の改善、特に地理・歴史・道徳教育について」という諮問をしたが、これに対しても教育課程審議会は、一九五三（昭和二八）年に道徳教育は学校教育全体の責任で、特定の時間や期間に指導されるようなものであってはならない、と答申している。一九五六（昭和三一）年に清瀬一郎によって、「小、中学校の教育課程の改善について」という諮問が出される。これは小中学校の学習指導要領の全面的な改訂を目的としていたものの、その実態としては道徳教育が中心テーマであった。これに対して教育課程審議会はまたしても反対する。このように、道徳教育について歴代文部大臣はその必要性を述べるものの、勝田守一《しゅいち》をはじめとするリベラル派の教育課程審議会の委員の強い反対により、道徳教育は文部省が思うようには進まなかった。

道徳教育特設が本格的に動き出したのは一九五七（昭和三二）年になってからである。[1]一九五七（昭和三二）年の九月に松永東《とう》が文部大臣に就任してから、文部省は教育課程審議会のメンバーを大幅に入れ替えた。その結果勝田らはメンバーから外され、教育学者が就任するというそれまでの慣例を破って元文部事務官の日高第四郎が新たなメンバーとして就任した（山崎 1986: 34–35）。この後の教育課程審議会での議論はスムーズで、わずか二回の会合で道徳の時間の特設が満場一致で了承される（八木 1978: 172–173）。翌一九五八（昭和三三）年の三月一五日に教育課程審議会より「小学校・中学校の教育課程の改善について」という最終答申が示される。そしてその三日後には四月から小・中学校ともに週一回、道徳の時間を実施するようにという旨の通達が出された。**表3**に示すのは同年一〇月より施行された中学校学習指導要領に見られる授業数に関するものである。表からもわかるように、音楽科の授業数が三年生で週あたりの時間数が一時間となっている（美術科は中二から）。ここに至るまでに文部省においてどのように議論がなされ、またそこで音楽科がどのように捉えられていたのか。当時の文教委員会および教育課程新議会の会議録から読み取っていきたい。

表 3　1958（昭和33）年版中学校学習指導要領(2)

区分		第 1 学年	第 2 学年	第 3 学年	全学年
必修教科	国語	175	140	175	490
		15.6%	12.5%	15.6%	14.6%
	社会	140	175	140	455
		12.5%	15.6%	12.5%	13.5%
	数学	140	140	105	385
		12.5%	12.5%	9.4%	11.5%
	理科	140	140	140	420
		12.5%	12.5%	12.5%	12.5%
	音楽	70	70	35	175
		6.3%	6.3%	3.1%	5.2%
	美術	70	35	35	140
		6.3%	3.1%	3.1%	4.2%
	保健体育	105	105	105	315
		9.4%	9.4%	9.4%	9.4%
	技術・家庭	105	105	105	315
		9.4%	9.4%	9.4%	9.4%
選択教科	外国語	105	105	105	315
	工業	70	70	70	210
	農業	70	70	70	210
	商業	70	70	70	210
	水産	70	70	70	210
	家庭	70	70	70	210
	数学			70	70
	音楽	35	35	35	105
	美術	35	35	35	105
計		105	140	210	455
		9.4%	12.5%	18.8%	13.5%
道徳		35	35	35	105
		3.1%	3.1%	3.1%	3.1%
特別教育活動		35	35	35	105
		3.1%	3.1%	3.1%	3.1%

＊中学校の各学年における必修教科、選択教科、道徳及び特別活動の授業時数の合計は、1120を下ってはならない。
＊選択教科の授業時数は、毎学年105を下ってはならない。この場合において、少なくとも 1 の教科の授業時数は、70以上でなければならない。
＊選択教科の「計」の欄を追加した。

まずは、国会の常任委員会の一つである文教委員会の会議録である。文教委員会とは、国会の常任委員会の一つで、一九五七（昭和三二）年当時には衆参ともに文教委員会という名称であった。それぞれの委員会は現在衆議院では文部科学委員会に、参議院では文教科学委員会となっている。本章では、特に道徳の特設と音楽科について議論がなされている一九五七（昭和三二）年の九月二七日及び一一月四日、一一月一四日の議論を取り上げる。一九五七（昭和三二）年九月二七日の文教委員会では、道徳の特設に向けて、他の教科への影響を危惧する声が上がっている。

特別の時間（道徳）を設定するということにおいて他の教科が犠牲になるようなことはないか…例えば芸能とか体育とか、そういうような時間数に影響を及ぼすというふうなことも場合によっては考慮されておるのではないか。

（第二十六回国会衆議院　文教委員会議録第三十四号　1957.9.27: 9）

これに対して、文部省の事務官の内藤誉三郎《たかさぶろう》は次のように答える。

進路特性に応じた弾力性があるように中学の三年当たりではすべきではなかろうかという意見を私どもは持っておるわけでありますそこでその場合に中学の三年の段階になりますと多少他の教科にも影響が及ぶであろうということは想像されております。

（*ibid.*）

文部省の側としては、道徳の特設に向けて、中学校の三年生あたりで授業数に影響があることを示唆している。しかし、これに対して辻原弘市議員は次のように答える。

ほんとうの道徳教育なんていうものは、そういうスポーツを振興し、あるいは音楽あるいは図工、こういった情操教育を徹底していくうちに健全な社会の姿というものが生まれる…音楽の一時間や図工の一時間、体育の一時間を減して、五十何科目にわたる徳目教育をやれば道徳教育が振興できるのだという考えは、いかにも近視眼的であり過ぎると思います。(*ibid.*)

辻原は、スポーツや音楽、図工を情操教育として捉え、こうした教育こそが道徳教育であるとして、道徳の時間の特設が、戦前の修身教育に見られた徳目を教え込むような教育に戻りかねないとする。

また、一一月四日の委員会でも、特設される時間をどこから持ってくるのかについて、野原覚という、日教組出身で教員経験のある社会党の議員から次のような質問がなされている。

特設された時間、その時間というものはどこからとって参りますのか。今日の教授時間の数を、総体における教授時間を増加されるのか、あるいはそれとも何かの教科の時間を削減して、そうしてその道徳教育の時間に回されるのかお尋ねします。

（第二十七回国会衆議院　文教委員会議録第一号 1957.11.4: 3）

野原の質問に対し、文部大臣の松永は次のように答える。

　これは専門家のこまかな問題で、私の考えは、今まで教えておる時間も緊要な時間です。ですから、これを減らすということもいかぬのではないかというように、この間から文部省内で議論しておる。（*ibid.*）

　このように、現在の時間数を確保しながら、どのようにして道徳の特設の時間を確保するのか議論している、と松永は説明する。そしてこれに続いて、文部省側の説明員から「教育課程審議会に諮問をいたして審議会で検討中でございます」（*ibid.*）という説明がある。野原は新聞を通じて、文部省の方針として、図工、音楽、習字の時間を減らそうとしていることが報道されていることに触れた上で次のように質問する。

　音楽、図工、習字、そういった情操教科目の時間をはねようというねらいを事務官僚が立てたのも事実です。しかしながら情操教育、芸術的な陶冶、品性の陶冶というものは、単に善悪の倫理的な面からのみの陶冶ではなくて、やはり芸術的な面の品性の陶冶ということが重大である。そのために明治の学制頒布以来、音楽や図工というものは、何も一流の音楽家に仕立てるとか、あるいは一流の美術家に仕立てるということではなく、そういった品性の陶冶を狙ってやってきているのです。その時間をぴんはねするというようなことはやはり問題がある。

(*ibid.*〔傍点筆者〕)

ここでも、音楽科は情操教育のために、単に道徳を教え込むことよりも、「品性の陶冶」を通じて人間形成をめざすものであることが強調されている。松永もこれに対しては次のように答える。

そうした唱歌とかなんとかというのは、やはりお説のとおり僕は一つの情操教育である、道徳教育である。であるから、これを減らして、そうしていわゆる修身科というか道徳科というか、その時間を特設するということは間違っていはせぬかということをいろいろと相談いたしました結果、絶対にそれはありません、減らしません、こういうことを内藤局長は言明いたしております。そこで私もそれはそうであろう、やはり同じ道徳教育だから減らすはずはないのだと言って笑って話して別れたのであります。

(*ibid.*)

松永も、唱歌という言葉を使いつつも、音楽科が情操教育ということには理解を示しており、道徳の特設によって音楽科やその他の情操教育が減らされることはないと説明している。野原は松永に音楽や図工、習字の時間を減らさないということを再度確認し、それに対し松永も「今の音楽の時間を減らさないということははっきりしております」(*ibid.*)と答えている。

しかし、大臣の方針に対し、道徳の特設の実務を担っていたとされる内藤は、この後一一月一四日の文教委員会で中学校三年生においては、進路特性に応じた教育をすべき、という方針のもとに、「国語とか社会あるいは芸能諸学科が対象になると思う」(第二十七回国会衆議院　文教委員会議録第五号 1957.11.14: 12–13)と述べ、教育課程に弾力性を持たせるため、という名目でこれらの教科の授業数が減らされることが示唆される。

妥協点としての一部選択制

ではここで一九五七(昭和三二)年度教育課程審議会の会議録を通じて、当時の道徳特設に向けて音楽科がどのように捉えられていたのかを見ていきたい。教育課程審議会とは、文部大臣の諮問機関で、一九五〇(昭和二五)年に教育課程審議会令によって設置された。その後中央省庁等改革に伴い、二〇〇〇(平成一二)年に廃止され、文部科学省へと再編される。学習指導要領の改訂とほぼ同じサイクルで活動し、主に教育課程に関する事項を審議し、文部大臣に建議するが法的拘束力はない。

一九五七(昭和三二)年度の審議会では、「道徳教育の徹底」「基礎学力の充実」「科学技術教育の振興」「職業的陶冶」の四つの点について諮問されている。中でも、道徳教育の時間特設＝義務付けを最優先課題としており（八木 1978: 172）、教育課程審議会はこれに従って審議を行なっていった。審議の実施日時および審議内容は**表4**の通りである。[3] 先に触れた通り、この審議会では道徳教育の特設について集中的に審議される。そのあとに各教科の教育課程について審議がなされている。音楽科に関わる事項が審議されたのは、初等教育課程分科審議会では第一三回から第一五回まで、中等教育課程分科審議会では第一四回と第一五回に審議されている。一九五八（昭和三三）年一月二五日に開かれた第一四回の中等教育課程分科審議会の議事録を見ると、音楽科の今後について、文部省から次のような方針の説明がある。

イ　内容を整理し、生徒の興味関心の程度や変声期等の変化に応ずる指導がよくできるように各学年の指導の重点を明らかにする。
ロ　第三学年において、生徒の進路特性に応ずる教育を行うため、必要ある場合には、現在の週当り時間数を減少することもできるようにする。

（鹿内 1957: 147）

これについて、文部省側は、「高学年について、進路特性に応じた指導を行いうるよう、弾力性をもたせることを強調したい。必要があれば現在よりも時間数を減らすことも考える」と述べ、その理由として、「中学校の教育課程が画一的であること」「戦前にくらべると音楽科の時間数は増えていること」「他国にくらべ、日本の音楽科の授業数は多いこと」の三点をあげ、「生徒の進路特性

表4　1957（昭和32）年度教育課程審議会の審議事項

第1回	9月14日	今後の審議の進め方について
第2回	9月28日	諮問事項について（道徳教育、基礎学力の充実、科学技術教育の向上、職業陶冶の強化について、その他全体の問題について）
第3回	10月5日	道徳教育の現状について
第4回	10月14日	道徳教育の特設について（教科との違い、社会科との関係など）
第5回	10月26日	（一）小学校教育課程の問題点について、（二）道徳教育、社会科について
第6回	11月2日	道徳教育、社会科について
第7回	11月9日	道徳教育、社会科について
第8回	11月16日	社会科および理科について
第9回	11月30日	（初等）算数科および道徳教育について
第10回	12月7日	（初等）国語科について（中等）社会科、国語科について
第11回	12月14日	（初等）国語科について（中等）数学科、理科について
第12回	12月21日	（初等）国語科について（中等）数学科および理科について
第13回	1月18日	（初等）国語科および音楽科について（中等）数学科および理科について
第14回	1月25日	（初等）音楽科、図画工作科、家庭科について（中等）数学科、理科、音楽科、図画工作科
第15回	2月1日	（初等）音楽科、図画工作科、家庭科について（中等）音楽科
第16回	2月8日	（初等）家庭科、体育科、教科以外の活動について（中等）家庭科、体育科、教科以外の活動について
第17回	2月15日	（初等）教科以外の活動について（中等）図画工作科、職業、家庭科
第18回	2月22日	（初等）体育科、教科以外の活動、その他について
第19回	3月1日	（初等）教科以外の活動、指導時数の取り扱い方について（中等）特別教育活動、中学校の教科、道徳および特別教育活動とその最低時間配当
第20回	3月8日	（初等）指導時数の取り扱い方および答申案について（中等）中学校教育課程の答申案作成について

に応ずる教育課程が編成できるようにするため、第三学年の音楽については、その最低時間数を下げうるようにしたい」（*ibid.*: 147–148）と文部省は説明する。

こうした文部省の提案に対し、審議会の委員からは、これによって音楽教育が軽視されることにならないよう、「音楽教育を否定するものではないことを明示すべき」（*ibid.*: 148）と述べるなど、時間数減によって、音楽科の存在意義を危ぶむ声が上がる。これに対して、「時間数の問題とともに、現在の音楽教育の内容についての本質的な反省が足りないことも考えねばならぬ」と述べる委員や「基本線についての私の意見は、時間数は（文部省の）案のとおりとして内容を高める行き方にしたいと思う」と述べる委員もいた（*ibid.*: 150）。いずれにせよ、音楽科に対しては、「関係者の熟慮がほしい」といった指摘や、委員長からも、この審議会は音楽を軽んずるのではないものの、当時、いくつかの民間団体から送られてきていた音楽科に関する陳情書の類に対しても「労力と時間の空費だと思う。これは文部省にも責任があると思う」と釘をさすなど、音楽科をめぐる一連の騒動に対し、まずは審議会で慎重に議論を進めることの必要性を挙げていた（*ibid.*）。またこの一連の議論において、音楽教育が「情操教育として、人間形成を主眼としたものでありたい」といった意見や、「音楽が人間形成の上で不可欠のものであることは理解できる」といったように、音楽科が情操教育として、人間形成に不可欠なものとして位置付けられていることについては全体でコンセンサスが得られていた（*ibid.*）。このように、時間数が減ることには一定の理解を示しつつ、音楽教育において不必要と思われる部分は削るようにさらに審議すべき、という方向性が示され、音楽科に関する審議は次回に持ち越しとなる。

第一五回の中央教育課程審議会は前回から一週間後の二月一日に行われた。ここでも、音楽科の授業数減について議論がなされていく。委員からは「音楽の時間を一時間減らしても、現在の水準は維持できると考えてよいか」（*ibid.*: 162）という質問が出る。これに対し文部省は「内容を充実して程度が落ちないように努力する」（*ibid.*）と述べ、授業数は削減する方向で話を進めようとする。しかし、委員からは「音楽が教育上効果をもつものであることは誰も否定しないが、今後の音楽の改訂については、世間では文部省その他が想像している以上に、音楽教育が否定されるとの考え方が感情の上で行われているようだ。それらの誤解を解消するような表現を考えたい」（*ibid.*: 163）と、前回出された音楽科の方針について修正すべき、との意見が出る。

文部省は、これまでの時間数の問題について、音楽科の授業数減については、「三年で選択の幅を考えるわけだが、科学技術振興の立場から数学、理科の必修の裁定を減らすことはよくない。そこで、このような原案を出したのである」（*ibid.*: 165）と道徳教育の振興に加え、科学技術に関連する教科の教育を充実させるため、音楽科や美術科など、情操教育に関連する教科の必修時間を減らし、その分選択の授業で履修してほしい、と遠回しにその理由を説明している。

また、委員長が「この審議会としても音楽を軽視するものではないということを示したい」（*ibid.*）と述べるなど、必修の時間数が減ることについて、音楽科が軽視されないよう留意すべきとの意見も出ている。こうした議論の流れを受けて、委員長から、先に出たロの事項について次のような修正案が提案される。

ロ　第三学年において、生徒の進路特性に応ずる教育上の必要から教育課程に弾力性を持たせるため、音楽の時間を必修一時間とするが、必要ある場合は選択の時間においても履修できるようにする。

(*ibid.*)

委員長は、全国から音楽科の授業数削減に反対する陳情書が続出している現状を放置しておけない、という考えから、今回の審議ではっきりと一定の方向性を出すことが必要であると考えていた。授業数一時間減という方向性には一定の理解があったものの、決して音楽科を軽視するわけではないことを示す必要があった。委員からは、「必要ある場合は」とすると表現が弱い、との意見が出たこともあり、最終的にロは次のようになる。

ロ　第三学年において、生徒の進路特性に応ずる教育の必要上、教育課程に弾力性をもたせるため、音楽の週当り時間数を一時間とするが、さらに選択の時間において履修することもできるようにする。

(*ibid.*: 167)

さらに、音楽科の質を向上できるよう、次のような項目が委員長の提案によって加えられる。

ハ　音楽教育の効果を高めるため、教員養成と現職教育の徹底強化を図るとともに音楽専門の教員をじゅうぶん配置しうるように措置することが望ましい。

(*ibid.*)

この案については全員が賛成し、授業数は週あたり一時間減となることが了承される。そして、一九五八（昭和三三）年三月一五日に、「小学校・中学校教育課程の改善について（答申）」において、音楽科の改善の方針として、右記イ、ロ、ハが示される。

審議会の議論では、道徳教育の振興を第一の目標としつつ、科学技術教育の振興の必要もあった。そこでは道徳の時間の特設や、数学科や理科が重視されており、結果としてそのしわ寄せが音楽科や美術科に来たということになる。音楽科は情操教育を担い、人間形成の上で大切なものというコンセンサスは得られながらも、「進路の幅を持たせるため」に中学校三年生の音楽科の必修の時間は従来の週二時間から週一時間へと減らされ、残りは選択の授業で履修できるようにすることとされた。

この方針に対し、三月二九日の参議院文教委員会でも、音楽科が一時間減ったことに対して、「ただの一時間の問題じゃなくて、教育の基本的な方向としてやはり問題があるんじゃなかろうか」（第二十八回国会参議院　文教委員会議録第十二号 1958.3.29）という意見が出される。参考人として参加しており、教育学者で東京教育大学の教授であった梅根悟は、音楽科や美術科を情操教科であるとした上で、今回の方針に対し次のような見解を述べている。

科学技術教育を徹底的にやるとすればするほど、一方で情操教育というものを重視しなければならないという点では、若干のアンバランスが生じたのではないかという感じを私も持っています。

(*ibid.*)

高学年で音楽科、美術科が必修としては減り、選択できるように制度上はなっているものの、実際に履修することは難しく、そういった点では、今回の方針では科学技術教育が優遇されているといった見解を示している。

一九五七(昭和三二)年の教育課程審議会では、「進路特性を考える」という名目のもと、道徳教育および科学技術教育の振興の影響で音楽科はやむなく授業数を調整されることになった。審議会では当時の陳情の多さなどから、はっきりと方針を決めることおよび授業数が減ることによって音楽科軽視と捉えられないよう表現を工夫していた。

ここで取り上げた文教委員会、教育課程審議会における議論を取り上げることでわかったことは、道徳教育や科学技術教育の振興に対し、音楽科は情操教育を担う情操教科の一つとして捉えられていたこと、そしてこれについては文部省もそれ以外の委員や議員の間でコンセンサスを得られていたことである。そういった意味では、この時期の文教委員会や教育課程審議会での議論というのは、

「情操教育としての音楽科」というあり方が成立していく過程を描き出しているといえよう。

一九五〇年代の学習指導要領の改訂と音楽教育

ここで戦後の音楽教育の基礎となった一九四七（昭和二二）年の学習指導要領（試案）の目標と、一九五〇年代に行われた学習指導要領の二度の改訂による目標の変遷およびその評価について確認しておく。

一九四七（昭和二二）年版学習指導要領（試案）における音楽科の目標は次のようになっている。「音楽美の理解・感得を行い、これによって高い美的情操と豊かな人間性を養う」。これは、先述した通り戦後間もない一九四六（昭和二一）年一月に諸井が中心となって執筆したもので、芸術教育としての音楽教育を念頭に置きながら、唱歌の歌詞によって、修身や道徳を効率的に教え込もうとするようないわゆる戦前の徳目主義から、音楽そのものの美を感じ取ることを目標とする芸術教育へと方向を転換させた目標となっている（菅 1990）[4]。

これに続いて一九五一（昭和二六）年に出された試案では、音楽科（小学校）の目標は次のようになっている。「音楽経験を通じて、深い美的情操と豊かな人間性を養い、円満な人格の発達をはかり、好ましい社会人としての教養を高める」。また、一九五八年に出された音楽科（小学校）の目標は「音楽経験を豊かにし、音楽的感覚の発達を図るとともに美的情操を養う」となっている。

さて、これらの目標の変遷を見てみると、一九四七（昭和二二）年版については、「音楽美の理解・感得」という文言が最初に出ており、音楽を通じて美を感じる力を養うことが第一の目標として掲げられている。一方、一九五一（昭和二六）年版の目標では、一九四七（昭和二二）年版にあったような「音楽美」といった文言は見られず、「円満な人格の発達」や「好ましい社会人としての教養を高める」となっている。一九五八（昭和三三）年の目標では、一九五一（昭和二六）年版に比べるとよりシンプルになっているが、当初の目標にあった「音楽美の理解・感得」といった文言は見当たらない。

こうした学習指導要領の改訂に対して菅は、全体を通して見た場合、一九四七（昭和二二）年版の試案の理念に具体性を持たせようとしている、と評価している（菅 1988）。また中山裕一郎も、戦前のような徳育の手段としての音楽教育を否定し、芸術教育としての音楽教育の出発を宣言するものであると一定の評価をしている（中山 2006）。ただし、学習指導要領の二度の改訂に見られる目標の変遷に着目すると、音楽教育はむしろ道徳教育に傾斜していると河口道朗は批判的な評価を下している（河口 1991）。河口は特に一九五一年の改訂について、朝日新聞紙上で談話として掲載された当時の文部大臣の天野貞祐による以下の言葉との関連を指摘している（*ibid.*）。

教育勅語の主要な徳目は、今日といえども妥当性をもつものであり、そのまま現在もわれわれの道徳的基準である。（天野 1950）

音楽教育全体を見れば、一九五〇年代は、実際の教育方法や楽器、教材などが徐々に整えられていった時期である。また歌唱に加え、器楽教育や鑑賞教育、創作活動も以前より活発になってきた時期でもある。そうした状況に着目するなら、この時代の音楽教育自体は菅や中山のいう通り、芸術教育の出発点として見ることもできよう。しかし、河口が指摘する通り、一九五一（昭和二六）年、一九五八（昭和三三）年の目標の文言に着目する限り、芸術教育から情操教育へと重点がシフトしているとも取れる（河口 1991）。したがって、あえてこの一九五〇年代の音楽教育の方向性を指摘するとすれば、芸術教育の側面、そして情操教育の側面、双方が複雑に絡み合いつつもお互いに独自に変化していく時期だと捉えることができるだろう。

では、実際のところ情操教育や道徳教育が、音楽教育にどのように関わっていったのだろうか。

音楽教育における「情操」概念

さて、音楽教育における「情操」とはどのようなものなのか。ここでは特に一九五〇年前後を中心としていくつかの議論を取上げ、戦後日本の音楽教育における情操教育論についてその特徴を取り出してみたい。

一九四九（昭和二四）年に出された論文において石山脩平は、「情操」をギリシャ哲学におけるロゴス、エートス、パトスのうち、パトスに近いものであるとする。しかし、決してパトスそのものではなく、永続性のある、落ちつき、かたまった感情の傾向であるとしている。また「情操」は一定の傾向性、永続性を備え、高貴、低劣の区別があるとしている。石山によれば、情操教育とは高貴な情操に触れることで高い情操を養おうとする教育のことであった。彼の情操に対する考え方は、ジョン・デューイにおける「趣味および美的鑑賞力」に近いものであった。したがって、情操教育を担うのは主に音楽、図工、工作、文学などの芸術教育であるとされる（石山 1949）。

藤山要も一九四九（昭和二四）年の論文において、音楽教育が美の教育であり、美の教育がより豊かな人間性を養うとした上で、音楽教育は人間性の教育であるとしている。諸井流の「音楽教育即情操教育」の考えを踏襲した彼は次のように述べる。

> 情操教育のための音楽教育でもなければ、情操教育に優先する音楽教育でもなく、両者は全く渾然と結合し合った立場にあって、互いにより豊かな人間性へと発展して行くべき性質のものである。
>
> （藤山 1949: 26）

このように、藤山は音楽教育によって自然と人間性も高まっていくと考えている。石山と藤山によれば、情操教育とは美を感じるための気分のようなものであり、またそれは高貴なものに触れ、単に体験としてではなく継続してその人の中に存在し続けるようなものと考えられている。つまり、良い音楽を与えることで、良い、悪い、の判断を区別できるような高貴な人間性が養われるというわけである。これまでの議論は、まさに諸井が目標として打ちたてた音楽教育即情操教育の考え方を受け継いだものであるといえよう。しかし、一九五一（昭和二六）年になり道徳教育が提唱されたあとになると、音楽教育は情操教育だけでなく道徳教育との関連を意識せざるを得なくなってくる。

道徳教育から見る音楽教育、あるいは音楽教育から見る道徳教育

先に述べたように、一九五八（昭和三三）年になり道徳の時間が特設され、道徳は特定の教科ではないとされながらも、特別活動の時間を用いて週一時間、学校において授業が実施されるようになる（藤田 1997）。道徳教育から見た音楽教育とはどのようなあり方だったのだろうか。

一九五一（昭和二六）年、教育課程審議会による「道徳教育振興に関する答申」に基づいて、文部省は「道徳教育振興方策」を発表する。その方策の中には「道徳教育のための手引書作成」が出されており、それを受けた形で「道徳教育のための手引書要綱」が作成される。これは道徳の内容をどう教えるかを説く内容のもので、道徳教育を学校教育全体で進めるために必要な心がけを説いたものである。この手引書の中で、各教科における道徳教育的な側面について触れた部分があり、小学校の音楽科については、図画工作科とともに次のように位置付けられている。

音楽科および図画工作科では、社会生活に必要であり、かつ生活をゆたかなものにしていくことのできる技能と情操とを養うことができる。ただし美的な感覚を育てることが、人間形成のために特に意味をもっているということは見のがすことのできないことであろう。

（文部省 1951a: 435）

さらに中学校・高等学校の道徳教育においても、音楽は、図画・工作・書道などとともに、道徳との関連について次のように述べられている。

音楽・図画・工作・書道などのような芸能方面の教科は、それぞれの創作活動や鑑賞を通じて、われわれの生活を豊かにしてゆくために必要な技能や情操を養うことができるばかりでなく、道徳的にも価値の多いいろいろな経験を含んでいる。たとえば、自然の美しさや、すぐれた文化遺産に敬けんな気持で接し、外国の芸術作品を通して国際親善の精神を養い、自己の精神的健康に配慮して情緒の安定をはかる方法を知り、他人と協力して自己の責任を果すことによって芸術的欲求を満たしてゆくという経験などは、道徳的資質の育成にとってきわめてたいせつなものといえよう。

（*ibid.*: 452）

また、大田周夫の旧蔵資料の中に、先に取り上げた「手引書要綱」作成にあたり活用されたと考えられる「道徳教育に関する原稿綴」という資料が残されている。(5) この原稿綴は、一九四九（昭和二四）年から一九五〇（昭和二五）年にかけて書かれた手書きのメモを集めたもので、冒頭の「品性教育に関する研究集会（昭和二五年度）資料」に始まり、「社会化における「正義」について」、「「道義」の意義について」、「現在の小・中・高等学校における道徳教育の実施状況について」というタイトルのメモのあとに、音楽科を先頭に、国語科、図画工作科、外国語科、芸術科書道、数学科、理科、保健体育科といった各教科と道徳教育の関わりに関するメモが続いている。以下に取り上げるのは音楽科について書かれたものである。(6) 少し長くなるがそのまま引用する。

音楽科の道徳教育の具体例

音楽教育にあっては、直接道徳教育の理解や実践をねらうものではないが、音楽独自の目標を達成することによって、直に道徳的態度の育成に役立つものである。つまり、美しく正しい音楽を歌ったり、楽器によって演奏したり、また鑑賞や楽曲を作ることなどによって、生徒の情緒生活における審美的良心を啓発し、個人の健全な発達と社会的公民的資質の向上に寄与する。

たとえば、社会的公民的資質の向上では、

一　音楽を歌ったり演奏したり、また聞くためには、音楽的な美しさを追求する純粋かつ自由な精神が基礎となる。したがって、上述のような活動は自由の精神を養う上に役立つ。

二　音楽を多人数で合唱したり合奏する場合、互いに他の人格に対して尊敬心をもち、かつ互いに協調する心をもたねば、いかに個人の技術が優れていようとも、そこに生まれてくる音楽は美しく清凛なものとはならない。したがって、良い合奏や合唱をすることは、生徒の、他の人格に対する尊敬心や、協調する精神を養うことに寄与する。

三　また、合唱や合奏の場合、独りの無責任な行為によって美しかるべき音楽は破壊されてしまう。合唱・合奏活動は社会生活において必要な自己の責任を果たすことを教える。

四　生徒が音楽的経験をもっているならば、学校や地域社会内における様々な行事を計画するに当って、適度な音楽を取り入れて、それらの会合を楽しく、スムーズに進めることができる。これはまた、民主的生活のなかにあって必要な好ましい態度を養う上に寄与する。

五　音楽に対する趣味の向上は、個人やグループに対して、余暇を健全に過ごす方法を教える。

また、個人的能力の発達に寄与する例では、

一　楽しく美しい合唱によって得たハーモニー（バランスのとれた美しい音の溶け合い）の経験は、個人の好ましい性格としての協調心に寄与する。

二　音楽を聞くことによって、音楽が直接人間の情緒に作用し、それを浄化し、統御し、安定させることは音楽のもつ大きな効果であるが、同時に身体的にもリズミカルな音楽や叙情的音楽などは神経の作用を通して身体と筋肉に大きく影響するものである。

三　家庭生活は社会生活の第一歩であり、幸福な家庭生活を通してやがて好ましい社会生活の発展が考えられるが、家庭において合唱や合奏が取り入れられるならば、楽しく幸福な家庭生活を営

むことができる。生徒を通して、このような機会を進んでつくるならばやがては良い社会生活への発展も期待できる。

この資料を読むと、文部省が道徳教育に対する音楽教育の効果に期待を寄せていたことがわかるだろう。さらに、このメモには当時の京都市警察局長から送られた「少年防犯教護と音楽教育について」という資料が添付されている。この資料は、京都市においてブラスバンドやリズムバンドを組織して音楽を通じた情操陶冶を行なった結果、青少年の教育に効果があったことを報告した文書である。文部省の側では、これを音楽教育が道徳教育に与える影響の証拠の一つとして考えようとしていたと思われる。ちなみに、他の教科と比較しても道徳との関わりについてここまで詳しく述べられている教科は音楽以外にはない。「直に道徳的態度の育成に役立つ」とか、「個人の健全な発達と社会的公民的資質の向上に寄与する」など、音楽を学ぶことによって戦後日本が求める人間像に近づくことができる、とここでは考えられている。つまり、道徳教育から見た音楽教育は、めざす人間像へと直接導いてくれる重要な教科として捉えられていたのである。

では、音楽教育の側から道徳教育はどのように見えていたのだろうか。先に取上げた藤山は、一九五一（昭和二六）年の論文の中で、音楽教育が道徳教育とどのようにつながっていくのかについて議論を進めている。藤山は、美的な価値と倫理的な価値は同義ではないとし、芸術と道徳の間には大きな差異があり、音楽的情操と道徳的情操とが直結されるものであるとは考えられないとしている。彼によれば、音楽的情操とは、音楽によって喚起される情緒、感情が反復されるうちに身に付くものである。たとえば、いつも苦しめられていると、そのものに対して憎悪の情操を抱き、そうした情操にあっては、ごくささいな動機であってもすぐに憤りの情操を挑発すると彼は述べる（藤山 1951）。つまり、こうした情操を音楽によってより優れた、高貴なものへと引き上げて行こうとするのが音楽的情操の教育なのである。

藤山によれば、音楽的情操の根源にあるものとはリズム、ハーモニー、フォームの三つであり、さらにこれら三つの要素が生活の中に反映され、性格に作用することによって道徳的情操へと関わっていくことになる。つまり、リズムが時間的感覚に結びつき、音楽における色彩や「あや」であるメロディーを味わえる人は感情が豊かな人であり、音の調和であるハーモニーを解することはすなわち調和を解する人、ということになる。音楽教育によって、人や社会と調和し合って楽しい人生を送ろうとする意欲の根源が培われる、ということになる（藤山 1951）。

一方、一九五二（昭和二七）年に村田武雄は辞書的定義では「情操」が「情緒の一そう進歩したるものにして、高尚たる観念に伴いて発する最も複雑なる感情、即ち真理をとうとび道徳に従い芸術を愛するが如き感情」であることを確認した上で、次のように述べている。

> 感情が又情緒が行動に伴うものであるからには、その行動への叡智の働きは道徳性を求めるであろう。（村田 1952: 57）

村田によれば、芸術は、「人間の複雑な感情が叡智によって固定された創造」で、ベートーヴェンのソナタは「感情が叡智によって道徳に又芸術に変化された最もよい例」であるとされる（*ibid.*）。芸術を創造するために必要な叡智、考える力を涵養するのが情操教育の目的であると考え、村田は次のように述べる。

> 情操の教育は実は教育のすべてである。教育の基底は情操からはじめられ、情操の総合はまた情操によって完結する。教育の全課程は情操の地層の上に築かれなければならないのである。（*ibid.*: 59）

すなわち、村田によれば、「情操」とは道徳と芸術をも含む全ての基底にあるものとされる。情操と芸術の関係性からすれば、諸井がいうところの「音楽教育即情操教育」から、情操が一段上（あるいは基底にあるもの）の存在として捉えられているといえるだろう。こうして、音楽教育と道徳教育は「情操」という概念を媒介として徐々に結びつけられていく。

同じ時期に井上武士は、音楽と道徳の関係について、「わが国でも仏教、儒教等の伝来に伴って、音楽を人間の道徳性と結びつけて考えるようになった」（井上 1952: 102）と述べ、音楽と道徳との結びつきを認めている。ただし、戦前の唱歌教育は歌詞による徳目の教え込みであり、音楽それ自体の道徳性とは少しも関係ないとする。井上によれば、音楽と人間の心の結びつきは「美しい調和」を基本としている。たとえば、合唱や合奏のメンバーは、各自が個性を発揮しながら「美しい調和」へ向かって努力するが、これこそが「音楽と人間の道徳性との最高の結合点」（*ibid.*: 103）であるとする。

さらに田辺尚雄は、音楽は道徳の支配のもとに立つものではないとしながらも「音楽は道徳の手段ではなく、正しい音楽芸術それ自身がすなわち道徳というものである」（田辺 1953）と述べている。すなわち、一九五一（昭和二六）年になり道徳教育が提唱されたタイミングで、音楽教育は諸井が提唱した「音楽教育即情操教育」から「音楽教育即道徳教育」へと少しずつ方針が変わっていくのである。音楽教育によって美しい心を育て、良い人間を育てるという考え方は、道徳教育と非常にマッチしたものと考えることができたのだろう。

科学技術教育にも役立つ音楽教育

先述の通り、一九五八（昭和三三）年版学習指導要領から道徳の時間が特設された。限られた授業時数の中に新しい授業が増えるということは、その分別の教科の時間数が減らされるということであり、音楽科はその中でも授業数削減の有力候補であった。そして一九五七（昭和三二）年に、堀内敬三と井上が雑誌『教育音楽　中学版』一一月号において、新しい教育課程に対して音楽教育がいかに人間形成のために重要であるかについてそれぞれ持論を展開している。

堀内は、文部省が道徳教育や科学技術教育を充実させ、その一方において音楽科の授業を削減しようと画策しているという話に触れた上で、道徳教育や科学技術教育においても音楽教育が有効であることを強調しながら次のように述べている。

> 道徳教育の上でも、音楽が高い情操を養い、円満な人格を築きあげるために有効であることは万人のみとめる所であり、科学技術教育の上でも、聴覚の訓練がこれまで日本人に甚だ不足したがために産業上におくれを取っていた事は広く知られたことである。道徳教育、科学技術教育を振興するためにも、音楽教育の振興はぜひ必要なのである。（堀内 1957: 50）

さらに彼は音楽によって品性を高めることができ、これはとりもなおさず音楽が道徳教育の一面としても有効であることを示しており、音楽教育は道徳教育に大いに寄与するのだから授業時間を減らす必要はないと訴えている（*ibid.*: 51）。また井上も堀内と同様に音楽教育が人格の基礎を作るとした上で次のように述べる。

> 道徳教育上特に考えなければならないことは、青少年の情操生活に平衡・安定を与えることであると思う。美的情操を涵養することによって、社会の緊張を解き、協同融和の精神を高めることこそ目下の急務ではあるまいか。この際、音楽等の芸術教科を特に尊重しなくてはならない、それが逆

に、道徳教育のしわよせを音楽に負担させるというようなことは、道徳教育の根本を誤るものである。(*ibid.*: 52)

これに続けて井上は、聴覚、リズム感、触覚などの鋭敏さは科学技術にも関係しているとして、科学技術教育に対しても音楽教育の重要性を説いている(*ibid.*: 53)。

しかしながら、本章ですでに述べてきた通り、一九五八(昭和三三)年の改訂時には、中学校三年生の音楽の授業が週二回から週一回に減らされることとなった。そうした動きに対して、音楽教育界の人間たちは静観していなかった。供田武嘉津は文部省の方針に対し、本来道徳の基礎になるべき音楽の時間を減らしてそこに道徳の時間を充てることは矛盾している、と反論している。彼は、道徳的な実践を行うためには、授業で教えられた内容(徳目)を実際の行動にうつすための心の作用——道徳的心情と彼がいうところのもの——が、つきつめれば、美しいものを美しいと感じる心の動きとなる、と考えている。そしてそうした美しい心を養うことは、教訓を教え込むよりもよっぽど重要であると考えた。供田は「真の道徳的行為は音楽学習等による心情の陶冶がその基盤となり、自主的な判断によってもたらされる」(供田 1958: 54)と述べ、音楽科の重要性を説く。

また『教育音楽　中学版』一九五八(昭和三三)年四月号の誌上に、「新しい教育課程に訴える——音楽教育強化全国大会記録」というタイトルの記録が掲載される。これは同年一月三一日に開催された音楽教育強化全国大会の記録である。ここで時期的なことについて触れておくと、正確には、教育課程審議会答申が出されたのが三月一五日であるから、一月三一日の時点では授業時数の件に関しては正式決定ではなかったのであるが、ここではこれまでと同じく授業時数削減の可能性が大いに懸念されていた音楽科のあり方について、専門家や現場の教員などが意見を表明している。ここでも、堀内は音楽教育と道徳教育、科学教育との関わりについて述べている。

今日のように道徳教育、科学教育の欠陥が指摘されまして、これを充実しなければならないということを皆が認めているとき、われわれとしては、音楽によってこの道徳教育を充実させ、音楽によって科学教育を助けるということも十分に考えなければならないのでありまして、その意味からも音楽教育の強化を叫ばなければならないのでございます。

（堀内ほか 1958: 52）

堀内は、音楽教育と道徳教育と科学教育の関連を強調しながら音楽教育の重要性を説明しようとしている。また、戦後すぐに文部大臣を経験し、この当時最高裁判所長官であった田中耕太郎も同大会で「音楽の価値」というタイトルの講演を行なっている。彼は、儒教思想やギリシャ哲学において音楽がいかに重要であったか、また、ショーペンハウアー流の音楽の形而上学的な価値を称揚し、音楽がいかに人間形成において重要であるかを説いている。彼はこの全国大会の意義について次のように述べている。

私はこの度の皆さんの催されましたこの集まりが、単なる音楽を娯楽の一種としてのみならず、又教養の一種としてばかりではなく、人生に対しほんとうの深い意義と価値をもっていることの認識を普及向上させる意味において、日本の教育界に大きな貢献をされることを切望してやみません。

(*ibid.*: 59)

元文部省の人間を大会に呼び、話をしてもらうということは、音楽教育の側からすれば、授業数が削減された状況において音楽教育の重要性をアピールする格好の機会と考えていたと推測される。また道徳教育と音楽教育との関連について考えた場合、この大会は、音楽教育が道徳教育に歩み寄り、互いに手を結びあう象徴的な大会であったといえるだろう。このあとも、現場の教師などからもさまざまな意見が交わされ、結果的に次のような決議文が出される。

我等は正しい音楽が精神の糧として欠くべからざるものであることを確信するが故に、学校に於ける音楽授業時数の削減に絶対に反対する。

(*ibid.*: 62)

ここでは「精神の糧」という控えめな表現になっているが、やはり、人間の心に作用するものであるとして、音楽の重要性が謳われており、それを音楽科の独自性として強調しようとしていることが見て取れるだろう。

まとめ

戦後の音楽教育は、「音楽教育即情操教育」という考えのもと、音楽を学ぶことで自然と情操が培われる、といった捉え方が採用された。ここでは、芸術としての音楽教育が第一で、情操教育はその結果生まれるものであり、いわば副産物として捉えられていた。しかし、一九五一（昭和二六）年版の学習指導要領の改訂以降、道徳教育、あるいは科学教育の必要性が問われると同時に、音楽科が授業数削減の候補となることを契機として、音楽教育家や音楽家を中心とする音楽教育の側からは、道徳教育あるいは科学教育にいかに有効であるかが議論されるようになった。本章で取り上げた堀内、井上や田中は、それまで副産物として捉えられていた情操教育を、むしろ音楽教育と道徳教育を補完するもの、あるいは両者を接合するものとして捉え直そうとしたのである。

音楽科は、道徳教育の台頭にあって、芸術教育としてのあり方だけではその地盤を維持できなくなってきていた。その中で音楽科がしようとしたこととは、情操教育を担う音楽教育がいかに人間形成に役立つか、つまり、道徳教育に役立つかを喧伝することだったのである。音楽科は、時代の要請によってそのあり方を芸術教育から人間形成にシフトせざるを得なかった、あるいは、誤解を恐れずにいうなら、時代のニーズに合わせて自身のあり方を自ら巧みに変えてようとした、ともいえるのではないだろうか。音楽科は、今も昔も「なぜ学校で音楽を学ぶのか」に対し、常に自分たちで答えを探さなければならないのである。

音楽教育における「情操」の概念は、一定の解釈が定着しているというよりも、むしろ文部省、音楽教育家、現場の教師など、複数の立場による力学の中でそのつど解釈が形成されていく類のものであった。本章では、文部省による道徳教育の採用を契機として、それまで音楽教育の副産物として捉えられていた情操教育が、音楽教育に携わる専門家やその周辺人物を中心として、むしろ道徳教育に積極的に寄与する重要なものとして再解釈されていく過程を描き出すことで、その相対化のための一つの視点を提示した。

註

（1）この道徳特設を巡っては、文部省が志向する道徳教育が、戦前の「修身科」が復活するのではないか、という危惧が教育界に強かったことや、当時の保守・革新のイデオロギーが道徳教育をめぐる論議に影を落としていたことが背景としてあげられる。その結果、教育論に加え政治論が入り混じって、道徳教育に関する議論がわかりにくくなった、と八木淳は指摘している（八木 1978: 173）。

（2）https://www.nier.go.jp/kiso/sisitu/siryou1/2–02.pdf　二〇一六年一〇月一六日アクセス

（3）鹿内瑞子の旧蔵資料をもとに筆者が作成。鹿内は、戦後の文部省において当初は教科書局事務嘱託として勤務し、その後一九四八（昭和二三）年四月に教科書局事務補佐員となり、一九四九（昭和二四）年の六月には文部事務官となって初等中等教育局にて勤務し、一九五八（昭和三三）年一一月には教科調査官となった。初等中等教育局では特に家庭科を担当したとされ、旧蔵資料には教育課程行政に関する文書が多数残されており、今回取り上げる教育課程審議会の議事録はその一部である。以上、鹿内のプロフィールについては、丸山剛史ほか編（2006）を参照。なお、以下に続く鹿内の会議録のページ数はマイクロフィルムの番号である。

（4）ただし、日本の音楽教育を、「戦前＝徳目主義的」、「戦後＝芸術教育的」と捉える見方については少し説明を要する。上田の先行研究では、文部省による徳目主義的な教育に対し、日本音楽教育協会を中心とする音楽教育教師たちの側から芸術音楽の美を用いた、「美育」の重要性が強調されていた時期が大正時代にあったことが指摘されている（上田 2010）また、長木誠司も、明治時代の頃からすでに「徳性の涵養」だけでなく、「美の弁知」、あるいは「美感の養成」の必要性が問われていたことを取り上げ、さらに、国民学校の発足にともない、唱歌科が芸能科音楽へといわば「格上げ」され、従来の単音唱歌に加え音楽鑑賞、器楽、楽典、視唱法指導など、その内容が戦後の音楽教育に近い形に充実していったことを指摘している（長木 2010）。しかし、国民学校時代の芸能科音楽についていえば、内容は充実しているものの、その目的はあくまで国民精神の作興であり、諸井はそうしたニュアンスを一掃するために、学習指導要領において芸術教育としての音楽教育を標榜したのであった。したがって、学習指導要領を中心とする文部省の側のスタンスの変化について考えるのであれば、こうした図式化も、依然としてある程度は有効であると思われる。ただ、これらの先行研究にもあるように、日本の音楽教育史を考える際には、文部省を中心とする制度の側からだけでなく、現場の教師やあるいは民間の教育団体の動きも踏まえつつ、戦後の音楽教育を戦前と異なる全く別のものではなく、通底したものを含んだものとして捉える複眼的な視点が必要とされる。

(5)「音楽科の道徳教育の具体例」国立教育政策研究所教育情報センター教育図書館所蔵『大田周夫旧蔵資料　八』マイクロフィルム番号三六四。マイクロフィルムの目録については貝塚茂樹編二〇〇二『大田周夫旧蔵資料目録　国立教育政策研究所教育図書館所蔵』東京：国立教育政策研究所でまとめられている。大田は、戦後の文部省において、体育局勤労課長、同学徒厚生課長、学校教育局高等教育課長を経て、一九四九（昭和二四）年六月に初等中等教育課長、一九五三（昭和二八）年八月には調査局宗務課長を務めたあと、一九五五（昭和三〇）年二月一四日に社会教育局施設課長、さらに同年九月には社会教育局著作権課長を歴任した（以上、大田のプロフィールについては、貝塚編（2002）を参照）。

(6) 国立教育政策研究所教育情報センター教育図書館所蔵『大田周夫旧蔵資料　八』マイクロフィルム番号三六四。また、これら道徳と音楽を含む各教科との関係については、松下行則（1996）に詳しい。

第四章　お手本としての情操教育の学校実践

東京都文京区立柳町小学校の実践を手がかりに

「現代っ子」対策としての情操教育

一九六〇年代は「現代っ子」という言葉が生まれた時代である。テレビや漫画に代表される視聴覚文化によって育てられた当時の子どもたちは、それまでとは異なる性質を有する世代として意識する必要があると考えられるようになってきていた。

その一方で教育行政では、一九六三（昭和三八）年に「学校教育における道徳教育の充実方策について」が答申され、一九六六（昭和四一）年に「後期中等教育の拡充整備について」の答申と合わせて「期待される人間像」という答申が出され、国としての「人づくり」の方針が示される。これらの答申はいずれもが日本の経済成長を支える人材を育成することや、「詰め込み教育」の行き過ぎによる人間性の喪失を危惧し、人間性を高めることを目的としていた。

こうした流れを受け、一九六〇年代になると情操教育が一種のブームとなり、研究テーマとして情操教育を挙げる学校が各地で見られるようになる。特に東京都文京区では、区をあげて情操教育の取り組みを推進していた。こうした学校単位の取り組みでは、音楽教育だけでなく、すべての教育活動において情操教育を推進することがめざされていた。

本章では、一九六〇年代の教育行政における情操教育が、当時の学校現場においてどのように位置付けられてきたのかを、まず東京都文京区立柳町小学校の取り組みを手がかりとして考察する。さらにそこから視野を広げ、同時期に他の学校で行われていた情操教育の中で音楽科がどのような役割を担っていたのかに着目することで、一九六〇年代の音楽教育と情操教育との関係や当時の情操教育における音楽教育の役割を明らかにしていきたい(1)。

ではここで、一九六〇年代にブームとなりつつあった情操教育について、当時の「子ども像」の文脈においてどのように位置付けられていたかについて見ておきたい。

野本三吉(1999)や羽ヶ崎陽子(2005)、奥平康昭(2006)らによる先行研究によれば、一九六〇年代になり、阿部進を中心として当時の子どもたちを「現代っ子」と呼び子どもたちを新たな視点から捉え直そうとしていたことが指摘されている。野本は、一九六〇年代を「人間観、子ども観を問い直す作業が行われた時期である」と考え、「時代を変革していく上での方法上の概念として「子ども」が問われたという気がする」(野本 1999: 214)として新たな子ども観が登場した、と当時を振り返っている。阿部は、「現代っ子」が、テレビを中心とするマスメディア文化というこれまでとは異なる環境のもとに成長しており、それだからこそ、教育の内容もむしろ子どもの現状に即して変えていく必要があると考えていた。

その一方で、マスメディアを中心とする視聴覚文化のもとに育った子どもに対し、情操教育の面からのアプローチも当時の議論には見られた。心理学者の乾孝は、当時の子どもたちが「現代っ子」（乾 1972a: 3）と呼ばれる現状に警鐘を鳴らしつつ、保育における集団の重要性を提唱し、子育てを情操教育の観点から捉えている。彼は、情操教育とは「まわりの人々に対するつながりの感じを基礎にするものではないでしょうか」（乾 1967: 20）と述べ、「情操」が「ゆたかな人間関係の中でこそ育つもの」（乾 1965: 90）であるとする。彼は当時のテレビっ子や詰め込み教育、さらには個人主義への対抗軸として、集団や社会を重視した情操教育を位置付けようとしていた(2)。さらに情操教育と芸術との関係については「芸術は、それが人々の心を結び合わせる伝え合いの媒体であるかぎりで、情操のしつけに生かされる」（乾 1966: 8）と述べ、芸術もまた人と人とを結びつける点において情操教育であると考えている。

以上のように、当時の子ども達は視聴覚文化をはじめとする、それまでとは質的に異なる環境に育っているため、乾のように、視聴覚文化から子どもを守るため、情操教育を重視すべきだとする動きも見られていた。またそれは人と人とのつながりを重視する、集団や社会を基礎に置いたものであった。

では「現代っ子」という言葉に代表される当時の子どもに対し、教育行政はどのように子どもを導こうと考えていたのか。一九六〇年代、池田勇人内閣主導のもと、「人づくり政策」が掲げられる。その中で一九六二（昭和三七）年、文部大臣の荒木萬壽夫は、教育課程審議会に「学校における道徳教育の充実方策」に関する諮問を出した。それに対し一九六三（昭和三八）年、教育課程審議会より「学校教育における道徳教育の充実方策について」が答申される。内容は教育基本法の実践的指針となりうるもので、科学技術の発展とともに道徳教育によって人間性を育成することが基本方針として示されている。そしてこの方策では四つの点を尊重することが示されている。

（一）教育基本法は、道徳教育についてその普遍的原理を示しているが、そこにいう人格の完成とは、個人の価値をたっとぶとともに国家社会のよき形成者たる自主的精神に充ちた心身ともに健康な日本国民の育成をめざすものでなければならない。
（二）したがってその教育に当っては、日常生活の中から生きた教材を選ぶとともに、広く古今東西の教訓に学ぶことはもとより、特にわが国の文化、伝統に根ざしたすぐれたものをじゅうぶんに生かして、内容的に充実していく必要がある。
（三）その際、今日の世界における日本の地位と果たすべき重要な使命にかんがみ、国民としての自覚を高め、公正な愛国心を培うように一層努力する必要がある。
（四）道徳教育においては、人間としての豊かな情操を培い、人間性を高めることが基本であるから、今後宗教的あるいは芸術的な面からの情操教育が一層徹底するよう、指導内容や指導方法について配慮する必要がある。（市川ほか編 2009: 355–356）

ここではこの中の（四）に注目する。ここでは、道徳教育を充実させていくために、「芸術的な面からの」情操教育が求められている。つまり、芸術による教育が人間性を高める道徳教育のために奉仕する、という位置付けになっているのである。

さらに、一九六六（昭和四一）年、高坂正顕を特別委員会主査とする中央教育審議会が「後期中等教育の拡充整備について」の答申と合わせて「期待される人間像」という答申を出す。この答申では、「情操」という文言自体はないものの、「個人として」「家庭人として」「社会人として」「国民として」といった観点から愛国心や遵法精神を育成することが強調されており、貝塚茂樹が、その成立過程に関する論文において「学校における道徳教育の充実方策について」との「有機的な連関を看過すべきではない」と述べ、「期待される人間像」を「学校における道徳教育の充実方策」の「発展的な関連」として捉えている（貝塚 2006: 145–146）。

情操教育が一九六〇年代に一種のブームとなったことには、この二つの答申、特に「学校教育における道徳教育の充実方策について」の中で情操教育という文言が明記されていることが影響しているといえるだろう。たとえば、島根県の『教育廣報』では、この答申が「情操教育の必要性を強調し、教育における今日的課題を明確に指摘しているものである」と述べ、「情操の全面化」をめざしている（板倉 1964: 19）。また、一九六五（昭和四〇）年の東京都の『教育じほう』でも同様にこの方策を取り上げ、道徳教育に関連するものとして情操教育を重視している（鈴木 1965: 2）。

先に触れた乾もまた、「期待される人間像」を人づくりの一種として捉え、「情操豊かな子」「個性を伸ばす子」という願いが広がった、としている（乾 1972a: 4）。以上のように、これらの答申は、その後の学校現場において情操教育が推進される重要な契機の一つとなっている。

一九六〇年代に二つの答申をきっかけとして情操教育がブームとなった。それは広い意味での人間形成といった視点からであった。それにより、情操教育は芸術教科のみが担うのではなく、すべての教育活動の中に浸透するものとして捉えられるようになっていく。

情操教育の合言葉は「感動性」と「創造性」

東京都文京区教育委員会は一九六三（昭和三八）年より区立の幼稚園、小学校、中学校の教育を推進するために指導室目標を立て、国や都の方針を重視しながらも、区の地域性を考慮した教育推進の方針を示している（文京区教育委員会編 1964: 19）。そうして一九六四（昭和三九）年、東京都文京区の教育委員会は、区の重点として、「健康で豊かな人間性の育成」および「創造力の伸長」を指標として、「情操教育」「健康教育」「教育相談」「校内研修」の四つの柱を打ち出している（東京都文京区立柳町小学校 1967: 9）[3]。そして文京区の指導室は情操教育の目標を以下のように示す。

「健康で豊かな人間性の育成」「創造力の伸長」という上述の指導を達成するためには、自然や文化的経験の蓄積の場を積極的に構成し、それらのよさに対して、敬けんな心情や憧けいの年をもって探求する態度を養うとともに、児童・生徒の主体的な行動により創造的能力を高めるなどの指導をもって、美的・知的・道徳的・宗教的等の価値追求への情緒・感情を高めることが必要である。さらにこのためには、教師みずからの研修と、児童・生徒を十分に理解することが大切である。

（文京区教育委員会編 1964: 19）

さらに、そのための具体的な方策として以下の四点を挙げる。

○情操教育に対する教師の理解を深めるために、研修の機会を設け、教育の構造や各領域の指導の方法や技術に再検討を加え改善をはかる。
○児童や生徒の発達段階に応じて、情操の陶冶を効果あらしめるように学校内の物的・心的の環境を整備改善する。
○児童・生徒の個性をいかし、その創造的な能力を高めるよう努め、それらの自己表現活動の場として校内活動とともに、区連合の音楽会・図工展・学習発表会等を助成し、相互理解と向上をはかる。

○児童や生徒が、自由にして活発な情操的な活動としての学校内外の環境の美化、生活面の改善などを助長する。(*ibid.*: 19–20)

こうした文京区教育委員会の方針に対し、当時から情操教育の必要性を感じていた柳町小学校は区の方針に賛同し、研究協力校の一つとなる。(4) 柳町小学校の研究テーマは「情操豊かな子どもを育てるためにはどうしたらよいか――感動性を高めるための指導」であった(東京都文京区教育委員会編 1983: 599)。柳町小学校では、戦後の教育が知育偏重、技能中心主義、形式主義となって、人格教育という教育の目的から逸脱しており、そうした教育をめぐる時代の要請として、「道徳」が特設され「期待される人間像」を中教審が答申したとしている。そうした状況において、柳町小学校では人づくりとしての情操教育を重視するようになる。

柳町小学校では、「素直で心の豊かな子ども」「丈夫で勉強好きな子ども」「助け合う子ども」「よく考えて実行する子ども」という教育目標を立て、情操教育は教育目標の重点というよりも、むしろ目標そのものであると捉えていた。すなわち、これらの目標に対し情操教育がその根底となり、またその裏付けとなるべきものとして考えており「教育目標を達成に努力することと、情操教育を行うことは、共に全人教育をねらうものであって、全く同値と考えた」と述べている(東京都文京区立柳町小学校 1967: 22–23)。

また、情操教育の基盤にあるものとして感動性、創造性があり、さらにその根底に自主性があると考え、「情操教育の本質は、児童のもっている感動性や、創造性をひき出すことであり、その可能性を追求することであろう」（*ibid.*: 11）と述べている。そして特に感動性を高めることにねらいをおいている（*ibid.*: 13）とした上で、教科学習と情操教育との関係については、音楽や図工といった芸術教科に加え、すべての教育活動において行われるべきであるとする（*ibid.*: 17）[(5)]。たとえば国語科においては、物語文の読解と詩の創作を通して児童の情操を高め、人格の全面的発達と、品性の向上をはかることがめざされており（*ibid.*: 44）、算数科では、文章題などを自分の力で解決できたとき、子どもの心に感動が高まり情操が育てられ（*ibid.*: 56）、体育科では、グループの協力、ゲームに勝てた喜び、技能の高まりなど、主体の感性を高めたり、感動の経験をたくさんさせたりすることが情操に通じる（*ibid.*: 95）などとして、全教科において情操教育を軸に授業研究がなされていた。

全校合奏で責任と協調性を育む

では柳町小学校では音楽科をどのように捉えていたのだろうか。情操教育と音楽科との関係については、「音楽科のような審美的に表現する教科は、豊かな情操を培う媒体として、極めて適当な教科といえるし、また最も効率的な指導展開が期待できる」（*ibid.*: 75）と述べ、「感動を育てる音楽学習指導」（*ibid.*: 77）が実践として残されている。この指導では、ねらいとして「アンサンブルを通して、個人の位置付けの重要さを感じとらせ、合奏への意欲を高め、相互鑑賞を通してアンサンブルの美しさに感動させる」(*ibid.*) とされている。

譜例1は《線路はつづくよどこまでも》の合奏の楽譜である (*ibid.*: 78)。子どもたちの話し合いを主体にしつつ演奏の能力に応じて各パートを編成できるように工夫することで「受け身でなく、創造的な学習態度が芽生えつつある」(*ibid.*: 79) と実践を振り返っている。

また柳町小学校では音楽の授業だけでなく、年間を通じた全校音楽が計画されていた。この全校音楽では協調の精神と豊かな情操を培い、全校的な集団訓練に役立つものとしてその意義について述べられている (*ibid.*: 80–81)。**表5**および**譜例2**は全校音楽の年間計画および同校音楽教諭の友利明良が編曲した《春がきた》(*ibid.*: 82–83) である。

柳町小学校では、楽器の編成について「中学年が主旋律、低学年はリズム奏または部分旋律奏、高学年はリズム形、旋律形が複雑化した旋律奏をして、全体としてハーモニー感につつまれた合

譜例1　線路は続くよどこまでも（東京都文京区立柳町小学校 1967: 78)

表 5　年間計画と合奏曲例（東京都文京区立柳町小学校 1967: 82）

1 学期	合唱	合奏
4 月	○夜が明けた（輪） ○春の小川 ○こいのぼり	○春の小川（C 4/4） ○かっこう（C 3/4）
5 月	○みどりのそよ風（二合） ○ことりの音楽（輪）	○なかよし（C 3/4）
6 月	○うみ ○かえるの合唱 ○たなばた	○かねがなる（C 6/8）
7 月	○夏は来ぬ ○めだかの学校	○友だちのうた（C 2/4）
2 学期	合唱	合奏
9 月	○山のぼり（輪） ○ドレミのうた ○どじょっこふなっこ	○アマリリス（C 4/4）
10月	○かねがなる（輪） ○虫のこえ（輪） ○もみじ（部合）	○いずみをくみに（C 2/4）
11月	○つき（合） ○七つの子	○おおスザンナ（C 2/4）
12月	○こだま（輪） ○たきび ○ジングルベル ○お正月	○小ぎつね（C 2/4） ○ジングルベル（C 2/4）
3 学期	合唱	合奏
1 月	○くつやと小人 ○うぐいす	○富士山（C 4/4）
2 月	○うたのまち ○かねがなる（輪）	○富士山（C 4/4）
3 月	○ゆきゆきとけたよ（輪） ○どこかで春が（合）	○おさらい

合奏曲例

春 が き た

文部省唱歌
友利明良編曲

取り扱い例（各パートと学年及び楽器の配当）

① 1年または2年（ハーモニカリズム奏）

② 3年（2年）～5年（主旋律，ハーモニカ，または笛，ピアニカ）

③ 6年（5年）　　（対旋律，ハーモニカまたは笛，アコ）

譜例2　春がきた（東京都文京区立柳町小学校 1967: 83）

奏に仕上げている」(*ibid.*: 81) と述べ、各学年がそれぞれの役割を果たせるよう配慮している。

さて、こうした柳町小学校での音楽教育の取り組みについて友利は、雑誌『教育音楽』に実践報告を発表している。友利は、音楽科の役割として「知育的活動と体育的活動のバランスをとり、ノーマルな人間づくりの橋渡しとしての重要な位置を、音楽科は受持っている」(友利 1968: 103) とする。そして音楽教育によって「すなおで心のゆたかな子ども」と「たすけ合う子ども」を育てることを目標としている。「すなおで心のゆたかな子ども」では、「楽しい音楽活動を通して、子どもたちの心を解放しすなおさと心のゆたかさをはぐくんでいきたいと念じ実践してき」(*ibid.*) ており、「たすけ合う子ども」では次のようにその目的を述べる。

全体の合唱、合奏において、またグループでの演奏で、ひとりのわがままも許さない。責任と協調性は、学習を進める上の基調であるし、こうした音楽学習の態度が、子どもたちの行動様式にまでひろがっていってくれることは大きな願いである。そのために、

文京区内での中学校でも全校合奏が行なわれていた

常に学校全体が強い連帯感で結ばれていることがたいせつだと思っている。

(*ibid.*: 103)

以上のように、友利は音楽の学習によって、素直さや責任、協調性を学ぶことができるとしていた。さらに、五年生のアンサンブルの取り組みを紹介し、それぞれの担当が責任を持ち、協力しながら楽曲を演奏するという取り組みが創造的であるとし、その教育的効果について次のように述べる。

こうした音楽学習へのとり組み方が、学級でのいろいろな活動に、よい意味で強い影響を与えたことを、学級担任から聞かされ、たいへんうれしかった。ひとりひとりの子どもが生かされ、自ら考え、行動のできる子どもに育つことは、とりもなおさず、私たちのねらう情操ゆたかな子どもそのものなのである。

(*ibid.*: 104)

こうした合奏の活動に対し、友利は「グループ活動なので、みんなのチームワークが大切だということがよくわかりました」(*ibid.*)という子どもの感想を紹介しながら音楽科が情操教育にはたす役割について説明している。

友利による報告に続いて、柳町小学校長の百瀬三郎も、同校の実践について述べている。百瀬は、戦後の教育は知育一辺倒で、戦後の教育のひずみにより青少年が非行化し、学生が暴徒化し、フーテン族が無気力化するなど「いわゆる世紀末的な社会を現出している」（百瀬 1968: 105）と当時の状況を嘆き、情操教育の重要性を説く。そして音楽教育と情操教育との関係性については次のように述べる。

> 音楽教育の多くは、いわゆる美的情操のみに心を奪われ、他の情操は疎かにしがちである。音楽学習を通しても、他の情操を豊かにし、それによって知・情・意の調和を図るようにしなければならないのである。（*ibid.*: 106）

ここで百瀬は、音楽教育は単に美的情操だけでなく、道徳的情操や知的情操といったほかの情操も豊かにすることができるし、またそうすべきであると考えている。音楽教育の役割は美的情操から広げられている。百瀬は、音楽の生活化によって、子どもたちが美的だけでなく、知的、意志的にも向上しており、「情操教育の中における音楽教育はこれでよいと思っている」（*ibid.*）とし、情操教育における音楽教育について次のように述べる。

> 小学校における情操教育は、ある教科、領域に偏ったのでは決して調和のとれた人格形成はできないということである。音楽のみに長じているが、他は駄目だという人間では、円満な人間とはいえない。小学校は専門家をつくるところではないからである。（*ibid.*）

このように、一九六〇年代にあって、音楽教育は音楽そのものによって美的情操のみを育てるというよりも、協調性や責任感といった音楽そのもの以外の要素を育てることが期待されていた。百瀬による小学校は専門家をつくるところではない、という言葉はまことにそれをよく表しているといえるだろう。

百瀬の発言は、もとは音楽を専門とする教員であったことも大いに関係していると思われる。彼のいう感動性や創造性という言葉は、そもそも音楽に密接に関連している。百瀬は、音楽教育の基礎にある感動性や創造性を他の教科など、あらゆる教育活動へと浸透させようとしていた。これは、彼が音楽教育に人間形成、つまり情操教育の効果を見出していたからであろう。しかし、彼は学校全体で情操教育を推進するにあたり、あえて音楽教育を前面に出すことはしなかった。百瀬自身が、「特に私が音楽をやったから自分の学校を音楽的な学校にしようという考えではありません」(石川ほか 1964) と述べているところからもわかるように、彼はあくまで学校教育全体での人間性向上をめざしていたため、音楽教育の効果が学校全体に広がることを望んでいたし、逆に音楽教育も、美的情操の涵養のみに陥ることのないように、と考えていた。

全国でブームとなった情操教育

これまで音楽教育と情操教育との関わりについて、柳町小学校における情操教育の実践を中心に取り上げてきた。柳町小学校では、音楽教育によって、美的情操以外の面でも成長する効果が期待されていた。柳町小学校以外の取り組みはどうだろうか。

埼玉の学校における音楽実践では、音楽によって協調性が養われるとし、特にクラブ活動としての音楽部では、共通の目標に向かい、努力を重ね、苦しみを乗り越えることに教育的効果を見出しており、その効果については次のように述べられている。

この練習の中にも努力し、友だちと反省をしながら、一歩々々正しいものにもっていった歓喜は、見ていても涙が出る思いがする。子どもたちの一曲を修得した時の感激は、またとない音楽のみ知るよろこびであろう。（黒沢 1966: 7）

音楽を通じて仲間と切磋琢磨し、曲を仕上げた時の喜びに対し教育的効果を求める、ということは、音楽そのものというよりも、何かを達成した時の喜びに軸足が置かれているといえるだろう。また千葉県の香取郡昭栄中学校では当時生徒指導に音楽を取り入れていた。全校合唱や鼓笛練習、リード合奏団、ブラスバンドなどを通じた集団での演奏をともにすることで、「規律的・能率的・情操陶やの面から、ふんだんに音楽をとり入れ実践にあたり、効果も徐々に認められる」（香取郡昭栄中学校 1967: 19）とその効果が述べられている。さらに、同じく千葉県の成田市立公津小学校では、器楽を積極的に導入することで、歌唱の苦手な子どもも興味を持って学習するとしている。

同校の教育目標は「自主的で調和のとれた実践的な子どもの育成」であり、さらに音楽教育については、「友だちと協力して合奏する」「一曲をおぼえるために、多少の苦労も乗り越えて努力する」「なんでもやれば出来るという自信をもつ」「基礎的なものを身につけさせるとともに、心を合わせて合奏することに重点をおく」「学校全体の音楽教育を高める」（成田市公津小学校 1967: 22）といった目標を掲げていた。

さて、これらの学校での音楽教育の実践に見られる特徴は、いずれもが「苦難を乗り越えること」「協調性」「規律を守ること」など、集団での行動に必要とされる力を育成することが期待されているということである。これは柳町小学校におけるグループを重視する実践とも符合する。おそらく音楽そのものを学ぶことで美的情操を涵養することも求められてはいただろうが、これらの学校実践では、むしろ集団行動での規律などを学ぶことが期待されているといえるだろう。こうした流れは、先に取り上げた乾が、情操教育において集団を重視していた点とも一致する。当時の情操教育では、周囲との関係を学ぶことが重視されており、音楽でも合唱や合奏といった活動を通じて情操教育を行うといった手段が取られていた。つまり、この時期は「情操教育」のブームとともに、柳町小学校だけでなく、他の学校においても音楽教育は美的情操を超えた、別の角度からの効果が期待されていたのである。

一九六八年版学習指導要領の目標観

本章の最後に一九六八（昭和四三）年の学習指導要領改訂と情操教育との関係についてまとめておきたい。当時文部省教科調査官であった真篠は、一九六八（昭和四三）年の学習指導要領改訂にあたり、音楽科において具体的にどのような意図のもとで今回の改訂が行われたかを、さまざまな場所で説明している。ここでは今回の研究と関連の深い、小学校の総括目標を取り上げる。

真篠は、一九五八（昭和三三）年版の目標と一九六八（昭和四三）年版の音楽科の目標を比較しながら解説している。[6]まず、「音楽的感覚」が「音楽性」に置き換わった理由として、音楽教育のねらいを、単に音楽的感覚の発達を図ることだけでなく、それをも含めて、表現技能や理解等の諸能力をも含めた広い意味の音楽性の伸張を図るとしたほうが適切であると判断されたからであるとする。そして次に、「美的情操」が「情操」となったことについて真篠は次のように述べる。

> 音楽教育の目標は、当然「美的情操」を高めることが中心になるが、ただそれだけでなく、知的、道徳的、宗教的情操、すなわち人間の全情操を高めていくのに音楽は不可欠なものであるという立場から、これも広い意味の「情操」ということばを用いることにした。
> （真篠 1968c: 35）

こうした目標設定の変化については賛否がわかれている。たとえば、奈良清利は、一九六八（昭和四三）年の改訂に対し、「音楽の教育が、まさに他教科・他領域のあきらかなる下請け教科としての役割を負わされることとなった」（奈良 1968: 47）と述べ、音楽が道徳の下請け教科となり下がりかねないとして危惧している。

その一方で、従来の目標に見られる美的情操という文言に対しては、人間の成長の一部分を担っている印象を受けるとし、「情操を深める」という新しい目標が「まことに時宜を得た表現だと思う」（松井 1968b: 13）として肯定的に捉える者もいた。

いずれにせよ、音楽教育もまた、自身の役割を美的情操にとどまらない、全体的な人間性の向上をめざすようになった。こうした流れは、これまでに取り上げてきた道徳教育に関する答申や、柳町小学校やその他本章で取り上げた学校における教育活動全体で行われた情操教育などの動きと時期を同じくするものであり、時代の要請に応じたものであるといえよう。

まとめ

第四章では、一九六〇年代の音楽教育と情操教育との関連について考察してきた。一九六〇年代に情操教育が学校教育において一種のブームになった。それは、一九六〇年代に指摘された「現代っ子」といった言葉に代表されるような新たな子ども像や、教育課程審議会および中央教育審議会による二つの答申が関係していた。そうして柳町小学校の情操教育に関する実践を手がかりとしつつ、他の学校での実践も取り上げながら当時の音楽教育や情操教育の関わりが深かったことを明らかにした。そして一九六八（昭和四三）年の学習指導要領の改訂と照らし合わせながら検討することで、音楽教育における「情操」をより広い視点から位置付けようと試みてきた。

これまで見てきた通り、一九六〇年代の音楽教育においては、大きな時代の流れの中で情操教育が重視されるようになっていた。それは美的情操だけでなく、協調性など、音楽そのものを学ぶこと以外で培われるような点が重視されていたということである。

柳町小学校では百瀬校長を中心として、情操教育の推進にあたり音楽教育の考え方を他の教育活動に広げていた。そして同時に音楽教育においても、美的情操だけでなく協調性や感動など、音楽そのものを学ぶこと以外で培われるような点が重視されていた。当時の子どもや社会に対し、音楽教育はそのあり方を「情操教育」に定めたのである。ここで期待されている音楽教育による効果というものに、現代の教育において（時には必要以上に）重視される「絆」や「感動」のルーツを見出すことができるかもしれない。

柳町小学校での実践は、一九六〇年代の学校教育において情操教育が重視され、音楽科もまた美的情操にとどまらない、広い意味での情操教育を重視するようになったことを示すものである。また本章で取り上げた他の学校での実践も、柳町小学校と同様に、音楽教育に対し情操教育としてのあり方を求めるものであった。さらに、そうした方向性については、社会や学校現場、文部省など、いずれもが同じ方向を向いていた。それは音楽教育が時代の要請を受け、それを察知しながら姿を変えていった結果であったといえる。柳町小学校の情操教育の取り組みというのは、音楽教育の考え方をうまく学校教育全体に広げているという意味において、一つのモデルケースであったといえるだろう。一九六〇年代は、こうした学校単位での情操教育の実践とともに、一九六八（昭和四三）年の学習指導要領改訂によって名実ともに情操教育としての音楽教育が完成した時期だった。

註

（1）音楽教育における情操教育の問題を取り上げた先行研究については、第八章を参照。

（2）乾は、後に取り上げる「期待される人間像」が答申された現状に対し、孤独を楽しむ「情操」へ逸脱しないで、連帯の中に個性を発見しようという努力も必要になったと分析し、個々人が分断されないように連帯を重視しようとしていた（乾 1972a: 4）。

（3）なお文京区教育委員会は区の実践をまとめた『情操教育の実践――五年間の歩み』の中で、文京区の取り組みと新教育課程との関連について、「本区の情操教育の重視は、改訂に先行して実践を続けた意義が認められただけでなく、ゆるぎのない根拠も見いだしたということができよう」（文京区教育委員編 1969: 306）と述べ、区の実践が人間性の向上をうたっていた当時の教育において先んじていたと区の実践を振り返っている。

（4）柳町小学校以外にも、同区内の関口台町小学校、指ケ谷小学校、文林小学校、青柳小学校、誠之小学校、第八中学校、第九中学校、千駄木小学校が情操教育の推進に関する研究協力校として参加している（文京区教育委員会編 1969: 9–14）。

（5）柳町小学校では、各教科での指導だけでなく、道徳、特別教育活動、学校行事、健康と安全、生活指導、環境整備といった、すべての領域において情操教育が構想されていた。

（6）一九五八（昭和三三）年版小学校学習指導要領・音楽編の目標は「音楽経験を豊かにし、音楽的感覚の発達を図るとともに、美的情操を養う」となっており、一九六八（昭和四三）年版の目標は「音楽性をつちかい、情操を高めるとともに、豊かな創造性を養う」となっている。

第五章　園部三郎を中心とする「官製」音楽教育批判

「美的情操」批判を中心に

一九五八年の学習指導要領改訂と音楽教育の目標

一九五八（昭和三三）年、学校教育法施行規則が一部改正され、学習指導要領が改訂される。この改訂により、以前までであった「試案」という文言が削除され法的な拘束力を持つことになり、学習指導要領の内容を遵守することが求められるようになった。さらに、この改訂のタイミングで道徳の時間が新たに特設される。道徳特設の動きに対し音楽科は、かねてから音楽教育が情操教育にいかに役立つ教科で、道徳教育の基礎になるものであるか、人間形成の面からその重要性をアピールしていた。しかし、結局のところ一九五八（昭和三三）年の改訂から中学校三年生の音楽科の必修教科としての授業時間が週一時間になる（詳しくは第三章を参照）。幅広い学習機会の保障という名のもとに、外国語、農業、工業、商業、水産、家庭、数学、美術と同じく音楽科もまた選択教科の一つとして新たに位置付けられることになった(1)。

この改訂により音楽科の目標はどのように変化したのか。たとえば、小学校の総括目標は、「音楽経験を豊かにし、音楽的感覚の発達を図るとともに、美的情操を養う」となっており、中学校は「音楽の表現や鑑賞を通して美的感覚を洗練し、情操を高め、豊かな人間性を養う」となっている。ここでいわれている「美的情操」とはいかなるものなのか。文部省が発行する『小学校音楽指導書』では、次のように示されている。

> 音楽による美的情操は、人間形成にとってたいせつなものであるから、教育によってこれを助成しなければならない。その時その時の音楽による美的な感情は、一時的なものではあるが、この美的感情をより多く経験させること、すなわち、音楽経験を豊かにすることにより、一つの固定した感情の傾向性ができる。これが美的情操と呼ばれるものであり、この美的情操が純化され、深められることは、人間形成における情操面に必要欠くべからざるものである。(文部省 1960: 4)

美的情操は、道徳的情操、宗教的情操などと峻別されている。それは、芸術の一ジャンルである音楽においては、美を感じることこそが目的であるとされ、他の「情操」との住み分けを強調するためであり、従来の「情操」の区分におおよそ合致している。

一方、音楽教育の目標設定について、文部省が発行する『中学校音楽指導書』では、音楽に感動したり、ひたむきに打ち込む体験をしたりすることが情操の陶冶にとって重要な要素であるとしている（文部省 1959: 5）。こうした目標設定の背景には、青少年に対する基本的なしつけの欠如があると捉えられていた当時の状況から道徳の時間が特設されたという経緯があり、音楽教育もその流れに即した形での目標設定になっていると河口は指摘する（河口 1991: 313）。

音楽美を感じるため、芸術教育としての音楽教育を重視するのか、それともしつけや非行の防止へと結びつくような人間形成への期待を強調するような情操教育としての音楽教育のあり方を採用するのか。当時の音楽教育の目標観は定まっておらず、ここに美的情操への解釈に揺らぎがあったことを見て取ることができるだろう。

「情操」に悩まされる園部三郎

一九五五（昭和三〇）年、日教組が主催する第四次教研集会が長野県長野市で開かれた。この全国集会は、一九五一（昭和二六）年に栃木県の日光市で開かれて以来、現在まで毎年開催されており、全国から集まった教師や講師たちが各教科やその時々に関心が寄せられた教育問題について議論している。この第四次教研集会では、第三部会において「情操を豊かにし創造的で健康的な青少年を育てるための教育」というトピックが取り上げられ、第一分科会において「教科を通じての情操教育はどのようにすればいいのか」というタイトルで、主に図画工作、音楽、国語を通じた情操教育のあり方について議論がなされた。ちなみに、報告の中で述べられているように、教研集会で音楽が取り上げられるのは第四次がはじめてであり、「子どものための音楽の問題が、このような形で、多数の教師によって論じられたということは未曾有のことだろう」（日本教職員組合編 1955: 251）と述べられている。では、ここで第四次教研集会の報告をもとに、この当時の情操教育について考えてみたい。分科会の報告は次のような言葉で始まる。

園部三郎（1906–1980）

> 子どもたちの心の隅々にまで汚水のようにしみ通って頽廃と諦めと暴力肯定の思想と感情を植えつけようとするマスコミュニケーションの魔力とたたかいつつ、民族の明日を背負う情操豊かな創造力に富む青少年をどのようにして育て上げるか、五十万の日本の教師たちは今この厳しい課題との対決を迫られている。
>
> （*ibid*.: 233）

この発言からわかるように、この当時、マスコミは子どもたちの心を蝕む「害悪」とされ、それを「浄化」する手段の一つとして芸術教育の必要性が叫ばれていた。こうした危機感のもと、集会の参加者は「新しいモラルの育成は芸術教育によってまでと極言したい」（*ibid.*）と強く主張する。

さて、この集会の中で音楽教育は当時どのように考えられていたのだろうか。報告の中で「万人のための音楽教育」という項目を担当している園部三郎は、教科を通じて行われる音楽教育について「音感覚の養成を技術主義的に抽象的に重要視するのでなく、したがってまた、純粋な芸術（才能）教育ともちがうものであることがつよく叫ばれた」（*ibid.*: 252）と述べている。この言葉には、戦後の音楽教育が西洋の芸術音楽をそのまま模倣しようとするがために、過度の技術偏重に陥りながらも、そうした状況に現場の教師たちが対応しきれていない、という音楽教育の理想と現実とのギャップを乗り越えようとする思いが込められている。

諸井が中心となって一九四七（昭和二二）年にまとめた学習指導要領（試案）は、芸術教育を標榜していたが、結局のところ、西洋の芸術音楽をめざすために技術主義に偏ったものとなってしまったと園部は捉えている[2]。園部は戦後の音楽教育を、「幼年期からやればかならず達成される、という才能教育の原則を学校教育の現実の事情を無視してむりやりに押し付けている」もので、「音楽教育についての発想の根源が、地方小都市農村の社会的・歴史的特殊事情を考慮に入れず、芸術教育の理想主義に根ざしていることをしめすほかならない」（*ibid.*: 253）と主張する。こうした問題意識から、彼は学校における音楽教育を、その当時傾きつつあった技術注入主義とは異なる、「子どもの感情の解放」をめざす「人間形成のための情操教育」でなければならない、と改めて主張した。

そこでは子どもが常に中心にあり、子どもたちは、俗悪なマスコミ音楽から守られなければならない。しかし、学校を一歩出ればそこはマスコミ音楽が溢れている。また、学校の中で行われる音楽教育は、芸術音楽を志向するがゆえに、技術を教え込むことに傾き、子ども――あるいは現場の教師でさえ――ついていけないものであった。そうした現状の中、集会の参加者からは、子どもたちを俗悪な音楽から守るためには「良い歌にふれる機会を多くあたえるということが最大の防衛である」(*ibid.*: 255) との声があがる。そこから園部は大正時代に起こった童謡運動のような「新しい歌の創造の問題」(*ibid.*: 256) の必要性を主張していく。ここに園部の音楽教育論の原点を見ることができるだろう。ただし、この時点で園部自身に確固とした音楽教育観があったとは言いがたい。というのも、園部自身も、諸井のいう「音楽教育即情操教育」という言葉をどう解釈すべきか悩んでいたからである。事実、第八次教育全国集会では、音楽教育における「情操」という言葉の定義の問題が取り上げられることになる。

一九五九(昭和三四)年に開催された第八次教研集会において、それまで所与のものとして議論されてきた「情操」という言葉に対し、集会の参加者から「そもそも情操とはなにか」という根本的な問いが出される。園部は、この問いに対し、「心理学では心的過程から見れば、「情操」には知的・論理的、倫理的・社会的、美的・宗教的などの情操があるというはずだが……」(園部 1959: 84) と答える。さらに、現場の教師からの情緒と「情操」との違いに関する質問に対しては「とっさの質問で深くはのべられないが、それにしても、この問題にさえ、心理学者はその学派によっていろいろちがった表現をするだろう」と前置きした上で、「情操は能動的な知的思情で、情緒は衝動的なシゲキによる受動的な性質のものと考えるのが常識のようだが……」などと述べる（*ibid.*）。しかし、結局のところこうした場当たり的な返答は、会場の教師に対してのみならず、園部自身にとっても納得のできるものではなかった。というのも、そもそも園部は、この当時「音楽教育即情操教育」だけでは不十分と考えており、「情操」という言葉にある種の居心地の悪さを感じていたからである（*ibid.*）。彼は芸術が単なる情操教育、つまり道徳を育成するような教育に陥ることは避けるべきだという立場をとりながら、次のように述べる。

考えてみれば、道徳ということばも情操と同じように厄介な――ばかりでなくぼくにはなんともいやなことばである。二つとも、われわれが考えている内容とはちがいながら、適切な表現がみつからぬのである。「活動写真」が「映画」に変ったように誰か新語を発見してくれる人はないものだろうか。（*ibid.*）

こうした一連のやり取りは、現場の教師たちからすれば、「情操」という言葉の定義をはっきりとさせてほしいという思いがある一方で、園部を含む講師側からすれば、単なる表現の問題をあげつらった問題に終始しており、もっと議論すべき問題があるはず、という風に考えているようにも思える。しかし、実際のところ、音楽教育において情操教育をどのように位置づけていくべきなのかを決めきれない、といった事情をここに読み取ることもできる。一九四七（昭和二二）年以降、教育現場ではいわば手探り状態で教育実践が積み重ねられていく中で、ここにきて「音楽教育即情操教育」といわれる「情操」をどう捉えていくべきなのかがあらためて議論の俎上にあがった、といえるだろう。また同じ時期に彼は別の論文で「美的情操」という文言を取り上げ、次のような批判を加えている。

「音楽を教えるということそれ自体が、人間形成になるのであって、音楽を目的のための手段と考えることは間違いだ！」という人があるかもしれない。私はそれにはひとつの危険を感じる。というのは、それには「芸術それ自体がすべてである」という考えがひそんでおり、そのために「技能主義」への偏向が生まれるということである。

（園部 1958b: 110）

園部は、美醜を判断する能力を意味する「美的情操」という目標だけでは音楽教育は十分ではないと考えていた。先に述べたように、彼は音楽を通じた全人的な人間形成を構想していたのである。しかしこの時点では、園部自身、こうした問題意識を抱きながらも、まだ確固たる代案を用意できていなかった。彼は自身の議論に「論理性の欠如」があることを認め、「芸術教育における論理性・思考性の育成の問題」（*ibid.*: 84）を打ち出す必要性を感じていたのである。

音楽教育≠技術教育

ではここで、日教組を中心とする勢力が改訂学習指導要領や教科書に対しどのように考えていたのかについて具体的に見ていきたい。日教組は、一九五九（昭和三四）年に出された『新教育課程の批判　学習指導要領はどう変ったか』という文献の中で、新しい教育課程や改訂された学習指導要領について反発の態度を明らかにしている。この文献において、日本教職員組合中央執行委員長であった小林武は、新しい教育課程について次のように反発している。

> もともと教育課程を編成し、実施するのは、教師であり学校であるべきです。それなしに、教師は、教育について国民全体に責任をおうということはできないはずです……教師の責任を果たすために、文部省のおしつけにどう抵抗するか、これがわれわれの重要な課題であると思います。
>
> （日本教職員組合編 1959b: 3–4）

小林は、学習指導要領を「上からの押しつけ」と捉え、自身の立場を教師の側に置き、文部省への反発の態度を明確にしている。

この文献では教育課程や学習指導要領に対する総説が前半にあり、後半において各教科に対する批判が展開されている。音楽科の文章の最後には執筆担当者として山住の名前のみが書かれているが、執筆担当者一覧には園部の名前も入っている。文章の執筆自体は山住によるものであるかもしれないが、その内容については恐らく二人の意見が反映されたものであると考えてよいだろう。では実際に新しい学習指導要領をどのように評価していたのかを見ていきたい。

山住は、一九四七（昭和二二）年版の試案は純粋芸術論的な考えで、形式主義、技術偏重へとつながり、「音楽」を教えさえすればそれでよいと考えられるようになってしまったと批判している。その一方で一九五一（昭和二六）年版試案に対しては、音楽と人間生活との関係に触れている点を評価し「日本の音楽教育史をつうじて、まさに画期的な宣言といってもさしつかえないものでした」（*ibid*.: 139）と述べ、高く評価している。

山住は一九五一（昭和二六）年版の学習指導要領が単なる「逆コース」ではなく、音楽教育を特定の目的のための手段とせず、その独自の目的を果たすことで道徳教育の基礎となるものと位置づけている点を評価し、「だいたい、ただしい考えかたであった」と肯定的に捉えている（*ibid*.: 140）。しかし、一九五八（昭和三三）年の改訂に対しては、「道徳」が特設されたことに触れつつ、「「美的情操」という音楽教育の一つの側面にのみ、力点がおかれているにすぎない」（*ibid*.）と消極的な態度を明らかにしている。

先述の通り『新教育課程の批判』では、教育課程や学習指導要領への批判が中心だったが、同書の姉妹編となる『国民のための教育課程　自主的編成の展望』では、日教組が考える自主的な教育課程について述べられている。この文献では、日教組の文部省への対抗意識による新しい学習指導要領であるというよりも、子どものよりよい教育をめざす現場の教師の声を集めたものであると、その内容について述べている（日本教職員組合編 1960: 5–6）。この文献も二部構成となっており、前半部分で総論があり、後半において各教科について触れている。音楽編の執筆者には園部と山住と明記されており、『新教育課程の批判』と同じ担当者となっている。

彼らは、戦前の音楽教育が音楽そのものというより徳目の教え込み、いわば情操注入主義であるとする。一方戦後の音楽教育は、音楽の芸術としての根本的な性格と教育上の役割とを純粋に保とうとしている点で画期的であるものの、「音楽美の理解・感得」だけで人間教育ができると勘違いされてきた、と「音楽教育即情操教育」という考え方を批判的に見る。つまり諸井流の音楽教育観とは、音楽の知的理解や技術の習得――つまり、うまく歌わせ、上手に弾かせ、曲を理解させること――が第一の目標となってしまい、結果的に技術注入主義を引き起こしてしまっていると考えている。彼らは次のように述べる。

> 音楽教育は、特定の政治的イデオロギー教育の手段になってはいけないが、広い意味での人間教育、よくいわれることばを使えば、「人間形成」のためにするのだということを、はっきりしておく必要があると思います。（*ibid.*: 199）

園部および山住が考える音楽教育とは、戦前の徳目主義的な教育とも異なり、人間形成の部分がなおざりになってしまう恐れのある芸術音楽が頂点に据えられた戦後当初の音楽教育とも異なる音楽教育を構想していた。彼らは「情操教育」に対しても次のように述べている。

音楽教育は情操教育のためにあるのだと考えられてきました。ごく普通の意味ではたしかにそのとおりです。しかし、それだけではまだまだ不十分です。なぜなら、「情操教育」というだけでは、すでにみたように、音楽教育は、ひじょうにせまい意味での政治教育や徳目主義的道徳教育や、あるいは社会的効用の直接の道具になってしまう危険があるからです。

(*ibid.*: 199–200)

このように、彼らは音楽教育でそれまでに考えられてきた芸術教育的な側面だけでなく、情操教育という言葉それ自体に対しても、人間の一部分しか捉え得ない、せまい概念として批判している。教育における人間形成を考えた場合、「美的情操」はもちろん、「情操教育」といった言葉でも狭く、音楽教育は広い意味での「人間形成」に寄与するものである、ということをもっと強調すべきだと彼らは考えていたのである。そうして、「音楽を徳目と結びつけて道徳教育とする必要はすこしもない」し、「音楽教育は俗にいう情操教育という概念以上のもの」(*ibid.*: 201–202)であると位置付ける。

「美的情操」は「ひからびたお題目」？

では次に、教研集会で抱いた「情操」への疑念に対し、園部自身がどのように考えていたのかをここで整理しておきたい。彼は、『新教育課程双書・中学校篇・六』において、一九五八（昭和三三）年版の学習指導要領の内容の検討および批判を試みている。彼はこの文献において、「人間性の育成」「美的情操」という考え方を批判し、音楽教育について曖昧な情操概念をさらに一歩押し進めようとしたと考えられる。この文献の中で述べられている当時の音楽教育に対する代表的なキーワードとしては、民主的・平和的人間の育成、技能偏向への警鐘や官僚主義の批判が挙げられる。また、これだけでなく、音楽教育の目標に見られる「美的情操」への言及も見られる。

園部は、小学校の目標に含まれる「美的情操」という文言に対しては、「人間の性情の一面だけをとらえて、音楽教育の出発を全人的なものとしてとらえていない」（園部編 1958b: 107）と批判している。その一方で、中学校の目標に見られる「美的感覚」、「情操」あるいは「豊かな人間性」という文言については「人間全体の育成という方向により深く動向をもっている」（*ibid.*）と評価している。しかし、園部が考える音楽教育の真の目的においては、音楽教育によって「「民主的・平和的人間」を養成しなければなら」（*ibid.*）ず、「豊かな人間性」という言葉も、「たんなる情操教育」という戦前のような徳目主義的な考えに逆戻りする可能性があると危惧している。園部が考える人間形成とは以下のようなものである。

単に美的情操とか人間性の育成とかいうことだけでなく、知的・論理的、倫理的・社会的な情操を育成することであり、それはもっとつきすすんでいえば、進んで自己を表す主体性のある人間を作ることなのである。（*ibid.*）

園部は、先に見られたような「美的情操」といった狭い意味で音楽教育を捉えようとしていない。また、さらに人間形成という目標のためには、音楽が教育の手段であってもよいとも考えている。彼はさらに続ける。

音楽教育の場では、音楽が教育の手段であっても、音楽の価値はすこしも損なわれはしない。それどころか、子どもの生活を発展することと結びついてこそ、音楽の本当の価値が光るのである。（*ibid.*: 110）

この発言は、先に述べた通り、諸井が戦後に提唱した「音楽教育即情操教育」に反する考え方である。園部は「音楽教育は音楽を習得させることを最高の目標とするものであって、そのこと自体が人間形成に役立つのだ。何物の手段ともなってはならない」（*ibid.*: 111）という想定される反論に対し、諸井流の「音楽教育即情操教育」的な考え方を半分正しく、半分誤っていて、音楽そのものさえ教えていればいい、という考え方が技能教育主義につながっていると指摘している。彼は続けて美的情操に対し次のように述べる。

現代日本の初等音楽教育が、ヒューマニズムにもとづく民主的・平和的人間の育成を根本目標とせずに、単に「美的情操の養成」という抽象的であいまいな人間性の一面にとどまっているならば、単に技能主義におちいるばかりでなく、うっかりすると、特定の精神主義教育にやすやすととってかわれるおそれがあるということである。（*ibid*.: 112）

この発言に見られる通り、やはり園部は「美的情操」が、人間性の一面を捉えるにとどまっている点を指摘し、それでは不十分であると考えている。では、園部が考える音楽教育の目標とはいかなるものなのか。彼はいう。

音楽教育の目標は、音楽によって、生命のよろこび、かなしみ、あらゆる人間生活の側面に、ゆたかな愛情をもって立ちむかい、自らすすんで自己の能力を表わし、主体性をもつ意欲にみちた人間をつくることだと私は考えている。この教育実践の過程からこそ、美的判断、知的判断、倫理的判断等々のための情操が培われ、なかでも音楽は美的情操の育成に特殊の役割をするにすぎないのである。（*ibid*.: 113）

つまり音楽教育の新たな目標は、本来人間形成に対し全体的に関わるものである音楽教育が、単に美に関係する教育であるという理由から安易に「美的情操」という目標に矮小化されていると園部は感じている。こうした矮小化に対し、園部は以下のように述べる。

> 芸術教育は、単に「美的情操を養う」というようなものでなく、子どもの生活のあらゆる面に生れる生命欲求をとらえて、それを人間生活のあらゆる側面にはつらつとして立ち向かわせる活動力を育成することである。しかも、それは、単に美醜の判断としての美的情操だけでなく、すべての非人間性に対しての判断力を養う倫理的な力をも養うものである。その意味で、科学教育と芸術教育との統一的な実践のなかにこそ、子どもの倫理的・道徳的特性が育つのであって、またそれだからこそ、道徳教育の特設などは、徳目教育主義の立場からだけの意義しかもちえないのである。
>
> (*ibid.*: 121–122)

そうして、「「美的情操」の教育という観念はもはやひからびたお題目でしかない」(*ibid.*: 124)と美的情操という目標を最後まで批判する。

では次に、一九六〇(昭和三五)年に雑誌『音楽芸術』に掲載された座談会「日本の音楽教育の現状について」に見られる情操教育に関する議論を取り上げてみたい。この座談会には園部以外に、諸井、野村光一、吉田秀和、井上と、音楽教育に関わる者だけでなく音楽評論家も出席し、それまでの音楽教育を振り返りつつ当時の音楽教育について多角的な議論がなされている。この座談会でも、戦前・戦中の音楽教育における情操教育のあり方が批判的に論じられている。この座談会の議論を追うことで、園部の情操教育論の輪郭をさらに明確にしてみたい。園部は、戦前の音楽教育に対して、次のように述べる。

> 伊沢修二が音楽教育というものを、ごく一般的な意味で、情操教育という立場でとらえたのだが、そののちに悪いことには、修身教育がさかんになったわけです……そういうことから情操という考えが修身になっちゃったんです。音楽を通じて修身教育をするという傾きが非常に強くなって、それから「五常五倫」というやつが出て来たんです……それから非常にひん曲っちゃった。
>
> (園部ほか 1960: 49)

園部は、続けて「単に情操を啓発するとか、徳性涵養という広い意図ですよ。修身的な意味はつよくなかったですね。伊沢修二の出発には」(*ibid.*: 50) と述べている。つまり、本来広い意味での人間形成といった意味で捉えられていた情操教育に、特定の意図のようなものが後付けの形で反映されていったと園部は捉えている。彼によればそれは具体的には儒教精神や尊王精神であった (*ibid.*)。これに対して井上は「儒学的な思想がそうとうはびこっていたわけです。漢学を研究した連中が、ある程度当時の指導者のなかにいたんでしょう」と園部の意見に賛同し、諸井も「情操というものが、ある方向に方向づけられた」と評している（*ibid.*: 51）。園部の見立てでは、伊澤における情操教育観とは、修身教育的な意味合いはほとんどなく、広い意味での人間形成を想定していた。その点において、園部は自身の情操教育観を伊澤のそれに重ね合わせようとしていたのである。

現場の教師たちが考える音楽教育と人間形成

これまで当時の日教組の理論的指導者であった山住や園部による美的情操に関する言説を取り上げてきた。ここからは現場の教師が当時の学習指導要領の改訂に対してどのような意見を持っていたのかについて触れておきたい。一九六〇（昭和三五）年に千葉県で開かれた第九次教研集会第八分科会で行われた芸術教育（音楽と図工）に関する各都道府県の研究報告書をまとめた資料（日本教職員組合編 1960）がある。ここでは主に人間形成の側面から改訂学習指導要領に対して批判的な意見を取り上げてみたい。[3]

三重県の報告では、「音楽学習を自主的に成長させるにはどうすればよいか」というタイトルの報告書の中で、「本当の自我を高めるのが芸術教育の究極の目的」と述べた上で、当時の改訂学習指導要領が「人間形成という大事な面を忘れ過ぎている」とし（三重県教職員組合 1960: 1）、音楽教育について次のように述べている。

音楽美の感動を重ねることによって、人間の美しさ、人間生活の深さにみずみずしい感動を覚えると共に人間らしくないものに全身の怒りを感じ人間らしさを求めようとする意欲を高めて行くことである。（*ibid.*: 2）

奈良県の「音楽科報告書」では、「音楽教育のあり方を考えようと思えば、根本にさかのぼって人間の形成、人間性の育成を先づ考えてみなければならない」とし、「道徳教育と情操教育が、一つに含まれるか、二つのものかの論義は別として、とにかくどちらも結びついてゆかなければ相互の目的を達することはできない」としている（奈良県教職員組合協議会 1960: 2–3）。

青森県の「音楽の生活化とは何か（教育課程自主編成の方針）」では、改訂指導要領の音楽について人間形成の方向が変わったとし、次のように述べている。

旧指導要領に示された人間形成をするという目標は姿を消し単に「美的情操を養う」にすりかえられ、中学校では人間形成という目標は示されているが、中三では音楽の時間を削減し、知識注入の教育を企図し目標と反対の人間でない人間の形成を狙っているのである。（青森県教職員組合 1960: 7）

福島県の「改訂指導要領（音楽）」の検討」では、中学校のコース制の問題について「われわれが望んでいる情操教育が果せなくなり、人間形成の点からマイナスになるおそれがある」（福島県教員組合 1960: 3）といった見解を示している。

山梨県の「高校教育に於ける芸術（音楽）教育は如何にあるべきか」では、当時の高校生の「情操面の欠如」（山梨県高等学校教職員組合 1960: 1）を指摘した上で、改訂指導要領では人間形成の面が無視されているとする。そして「人格性の欠如から社会的疾病も生じ平和への脅威も生ずるものである」と述べ、「人間形成道徳教育平和教育にとって最も重要な教科は芸術教科である」（*ibid*.: 4）と述べる。

以上各地域の教育組織の報告における、音楽科の理念に関する言説を中心に取り上げた。当時の現場の教師たちも、園部たち理論的指導者たちと同様に改訂指導要領は「美的情操」という目標が本来の人間形成の側面を矮小化したものであると批判をしている。彼らが求めているのは、あくまで広い意味での人間形成であり、それこそが音楽科あるいは芸術教科が担うべき情操教育であり、道徳教育あるいは平和教育にも結びついていくものとしてその存在意義を強調している。このように、日教組による美的情操批判という言説空間は、当時の理論的指導者の間だけでなく、現場レベルの教師の間でも共有されていたといえる。

まとめ

第五章では、一九五八（昭和三三）年版の学習指導要領に対する批判、特に美的情操に対する批判を出発点として、当時の情操教育観の一端を詳らかに整理した。そこから、いわゆる文部省サイドからは、美的情操は人間形成にとって欠くことのできない重要なものであるとされていたことがわかった。

その一方、山住や園部を理論的指導者とする日教組による「現場の教師サイド」からは、法的拘束力を持ち、以前よりも「上からの押し付け」が強くなった学習指導要領に対して批判の声が多く挙がっていた。とりわけ園部は、美的情操や、ひいては情操そのものに対してもさまざまな機会に批判を行なってきた。しかし、園部自身に、最初から情操教育に対する確固たる考え方があったとは考えにくい。本章では、園部が教研集会において「情操とは何か」という質問にうまく返答できなかったことを悔やみ、その後音楽教育における情操教育のあり方について持論を形成していく過程があったことを明らかにした。園部は、教研集会における「情操とは何か」という根源的な問いを一つの契機として、音楽教育について思索を深めたのではないだろうか。その結果が、彼の考える新たな情操教育観であり、さらにそれは当時の現場の教師を含む音楽教育の世界で共有されていた教育観でもあったのである。では園部が考える情操教育とは一体どのようなものなのか。本章で取り上げた言説をもとに、その特徴を描くとすれば、おおよそ以下のようなものになるだろう。

・音楽科における情操教育とは、特定のイデオロギーに与するような、戦前のいわゆる徳目主義的情操教育ではない。

・「美的情操」という文言を音楽科の目標に据えることにより、知的情操、道徳的情操、宗教的情操など、人間形成に必要な他の情操から自らを切り離してしまうことになり、音楽教育の意義が限定されてしまう。
・諸井のいう音楽教育即情操教育は、音楽そのものの教育が前面に出てしまい、その結果、音楽教育が芸術至上主義から技能偏重へと陥る恐れがある。
・第三次学習指導要領で特設された道徳との関連において、音楽教育は安易に特定の徳目と結びつくものではない。
・音楽教育が担うのは、狭い意味での情操教育ではなく、あくまで広い意味での人間形成である。

美的情操批判により、園部らが描き出そうとした情操教育は、広い意味での人間形成、あるいは「全人的な教育」である。しかし結局のところ、園部による議論で提出されたものは、相変わらず曖昧なままであった。見方を変えるなら、音楽教育による人間形成の価値がさらに抽象的な段階に祭り上げられてしまったと捉えることもできる。つまり、園部を中心とする美的情操批判を通じて、音楽教育の目標が抽象化され、その結果戦後音楽教育の独自性、つまり「音楽教育によって人間性が高まり、良い子が育つ」といった現代に通じる文脈が形成されたのではないだろうか。ねじれた言い方になるのを恐れずにいうなら、美的情操批判によって、音楽教育における情操教育は、「曖昧さがより明確になった」のである。それは何よりも、音楽教育が特定のイデオロギーや徳目の教え込みによるような道徳教育と安易に結び付けられることを避けるためのものであった。

美的情操という限定された目標に対する批判は、「音楽」であり、かつ「教育」であることを担保するために、過去の音楽教育を省みつつ、単なる技術偏重の音楽教育でもなく、また道徳や特定のイデオロギーとも関連しない、抽象的で崇高な存在へと昇華させようとしたのである。

日教組による一連の動きを一九六八（昭和四三）年、つまり音楽科の目標における「美的情操」という文言が「情操」へと変更された[4]地点から振り返ってみるならば、この時期に日教組を中心として交わされた議論とは、文部省を含め、日本における音楽教育が情操教育の捉え方を変化させていく動きを示す事例であるといえるだろう。

註

（1）なお、この改訂より「図画工作」から「美術」へと名称を変更した美術科では、中学二年より必修教科の授業数が週一時間となっており、必修教科の中で総授業数が最も少ない教科となっている。

（2）諸井の立てた目標に対し、木村信之もまた、「内容がアカデミックで高度すぎ、特に音楽に関する理解面、読譜や器楽などの面がそうである」と述べている（木村 1993: 50)。

(3) なお、一九五八(昭和三三)年の学習指導要領改訂の直後に行われた教研集会は一九五九(昭和三四)年一月に大阪で開催された第八次教研集会である。しかし、学習指導要領が出た直後ということもあってか、新しい学習指導要領への批判はあったものの、大部分の人はそれらをただ読んだだけであり、積極的に意見を述べるものは少数であったと園部は『日本の教育　第八集下』の中で述べている(日本教職員組合編 1959a: 205)。その一方、第九次教研集会で寄せられた各都道府県による報告書を見ると、指導要領を批判的に捉えたと思しきタイトルのものが第八次の報告書よりも明らかに多く、各都道府県が第八次での反省を踏まえようとしていた傾向が窺われる。したがって、本書では、第九次の報告書を主な考察の対象とし、当時の教師たちによる学習指導要領批判がどのようにして行われていたのかを検討する。

(4) 一九六八(昭和四三)年版の小学校音楽科の目標は次の通り。「音楽性をつちかい、情操を高めるとともに、豊かな創造性を養う」。

第六章　林光と音楽教育

教研集会講師としての活動に焦点を当てて

林光と音楽教育

日本の音楽教育史を語る上で、作曲家の林光は欠かすことができない人物の一人である。林は四歳から自由学園で音楽の早教育を受け、一〇歳から尾高尚忠に作曲を学び、一九五一（昭和二六）年に東京芸術大学に入学し池内友次郎に師事する。一九五三（昭和二八）年に大学を中退したあとは、間宮芳生や外山雄三らとともに作曲家グループ「山羊の会」を結成する。戦後民主主義の思想を作曲活動の基礎に置いていた彼らはうたごえ運動[1]や労音（関西勤労者音楽協議会）[2]といった社会運動にも積極的に関わっていた。[3]

また林はうたごえ運動や労音のみならず、戦後日本の音楽教育とも積極的に関わっていた。林は

林光（1931–2012）

一九六八（昭和四三）年より教研集会の音楽分科会の講師を二〇年以上にわたり担当している。そしてその間に「大阪音楽教育の会」の歌唱を中心とする教育に出会い、その取り組みに共感する。教研集会の報告などをまとめた一連の著作（林 1974; 1979; 1990a）(4)を含め、林自身による音楽教育に対する発言は多く、林と音楽教育の関わりは非常に深い。しかし、これまで彼の音楽教育論について言及されることはほとんどなかった。

林は「歌うこと」を中心に据える「大阪音楽教育の会」の方針に賛同し、議論を深めていく中で、これまで教研集会の音楽分科会の実績として話題にされてきた「二本立て方式」とは異なる音楽教育論を提示している。この点において、林が「大阪音楽教育の会」と関わる中で形成していった音楽教育論は日本の戦後音楽教育を考える上で重要な視点を提示している。

うたごえ運動との出会いと「民衆芸術論」の構想

林は当時のうたごえ運動や労音を、戦後日本の音楽人口の裾野を広げるためのサークル活動として位置付けていた。彼はうたごえ運動が「みずから演奏するもののサークル運動としていわゆる合唱運動」にあたり、そして労音が「聴いてたのしむもののサークルとして聴衆組織」（林 1965: 148）にあたると考え、これら二つの活動を重視している[5]。ここでは社会運動とも密接な関わりを持つ教研集会を取り上げるために、林がとりわけ深く関わっていたうたごえ運動に注目し、彼の芸術論の特徴である民衆芸術論を描出していく。

林がうたごえ運動と関わるようになったのは、人形劇団「劇団プーク」の劇伴を担当していた一九四九（昭和二四）年に、うたごえ運動の中心人物であった関鑑子の弟の関忠亮に声をかけられたのがきっかけである（日本戦後音楽史研究会編 2007: 192）。林自身は一九四九（昭和二四）年にはじまるうたごえ運動との関わりについて、「それは、「うたごえ運動」とのはじめてのかかわりであり、同時に、私のなかで芽生え、ふくれあがっていた民衆芸術論の、とりあえずの実践であった」（林 2004: 177）と述べている。林は、宮沢賢治による『セロ弾きのゴーシュ』や『ポラーノの広場』、『グスコーブドリの伝記』といった一連の童話や『農民芸術概論』を例示することで自身の民衆芸術論の説明に代えており、詳しい説明はしていない（*ibid.*）。

林が一九五五（昭和三〇）年に雑誌『音楽芸術』にて論じている「うたごえ運動の意義」という論文（林 1955）を取り上げてみよう。林は当時のうたごえ運動において、舞台上のコーラスだけでなく、客席からも歌を口ずさむ声が聞こえてくる様子や「音楽会なんて行ったことがない、オーケストラなんて見たこともない、月光の曲なんて話でしか知らないだろうと思われる」少女たちのコーラスが歌う喜びにあふれている様子などに対して「ここにはもっとも根本的な意味で〈音楽が成立〉していたのである」と述べている（*ibid.*: 78）。林はこうしたうたごえ運動の動きが「日本における音楽のありかたを今や質的にも変化させようとしている」と述べ、その一例として歌を学習していくプロセスに注目する。うたごえ運動では、楽譜を見ながら階名で歌うというやり方ではなく「うたをことばと一緒に、一行一行全体でうけとめてゆくという方法でうたをおぼえてゆく」方法をとっており、楽譜がよめない人でも歌が歌えて、しかも「そこにほんとうの音楽が成立している」とうたごえ運動の意義について述べる（*ibid.*: 79）。

林が挙げる宮沢作品の内容や、彼が指摘するうたごえ運動の意義から推察するなら、民衆芸術論のエッセンスは、音楽は一部の音楽エリートが演奏し、それをありがたがって鑑賞するようなものではなく、音楽を含む芸術とは本来民衆のものであり、民衆自身が演奏し、音楽の理論にこだわらず心から楽しむべきもの、ということである。林はこの民衆芸術論を当時のうたごえ運動に見出し、興奮気味に次のように述べている。「日本に音楽の正しいありかたを基礎づけようとする最初にして最後の、大げさにいえば開びゃく以来の大事件である」（*ibid.*: 82）。このように、当初、林はうたごえ運動の意義を高く評価していた。

しかし、この後はうたごえ運動から距離を置くようになる。その理由の一つが芸術音楽の世界とは異なる「もうひとつの世界の音楽家」（林 2004: 180）の存在である。もうひとつの世界で鳴り響く歌とは、映画《シベリヤ物語》で歌われる《バイカル湖のほとり》（*ibid.*）であった。林は、登場人物たちのソビエト軍の兵士たちが歌う「聴いたことのないくらいすばらしいピアニッシモ」

社会主義へと向かわせる様子に「ほんものの手触り」(*ibid.*: 154)を感じていた。うたごえ運動の現場で歌われていた歌声に対しては、力のこもった演奏であるものの、当時の自分の理想の歌声とは異なっていると感じるようになった(*ibid.*: 180)。

こうした理由から彼は自分の理想とする歌声と当時のうたごえ運動との「比較はかなり苦しい」(*ibid.*)と考えていた。このように、うたごえ運動に対し、民衆芸術論の実践を見出し、一定の評価をしていたものの、自分が理想とする歌声とのギャップを感じていたのである。そしてこの後林はうたごえ運動との間に一定の距離を保つことになる。

これ以降の動きとしては、一九五三(昭和二八)年に「山羊の会」を結成したあと、うたごえ運動のために《たたかいのなかに》などを作曲したことがきっかけとなり、林は再びうたごえ運動と関わるようになる。しかし、最終的に林は当時のうたごえ運動にミーハー的な側面を感じ取り、それがきっかけとなって再びうたごえ運動と距離をとることになった(*ibid.*: 340)。

林は従来の西洋音楽を中心とする価値観とは異なる場所をうたごえ運動に求め、一時はうたごえ運動に民衆芸術論を見出していた。結果的にうたごえ運動とは距離を置くことになったものの、後に教研集会や「大阪音楽教育の会」と出会い、うたごえ運動や労音では成し得なかった民衆芸術論を、音楽教育の現場で引き続き実践していくことになる。

ここで林と学校の音楽教育との関わりについて考えるため、朝日新聞紙上にて一九七〇（昭和四五）年から一九七二（昭和四七）年にかけて連載された『私の教科書批判』（朝日新聞社編 1972）で林が担当した「音楽」を取り上げる。彼の音楽教科書批判を通じて、まずは彼が当時の音楽教育に対して感じていた課題を明らかにしていく。

林は教科書批判の冒頭部分において宮沢の小説『風の又三郎』で描かれる音楽の授業の様子(6)を引きつつ「教師が音楽家であるならば音楽の教科書は不必要だ」（*ibid.*: 188）と述べ、理想の音楽教師像について示す。彼によれば、理想の音楽教師に必要なことは「たくさんの音楽を聴き、判断し、えらびとる耳、加工し、変形し、ときには新しくつくり、またそれを演奏したり歌ったり判りやすく分解してみせたりするウデ」であり、またそうした理想的な音楽教師は「ただひとつの素材から十も百もの教材を引出す」（*ibid.*）ことができるとする。そして理想的な音楽教師にとって音楽教科書とは本来必要のないものであるはずだが、と前置きした上で林は音楽教科書の内容を分析する。音楽教科書について林は次の三つの点、つまり第一に「世の音楽教師たちがいかにナメられているかということ」、第二に「子供たちがいかにナメられているかということ」、そして第三に「音楽という私たちの楽しい財産がいかに無惨にねじ曲げられているかということ」（*ibid.*: 179）に問題を見出している。林は当時の現状をこのように把握した上で音楽教科書の批判を試みている。

林は音楽科が基礎、鑑賞、歌唱、器楽、創作がバランスよく配置され、一見したところ有機的な関連を持っているとする。しかしそれはあくまで建前に則ったもので、バランスを気にするあまり中心というものがないと考える。林は当時の音楽教科書は音楽を理解するために教材が満遍なく配置されているが、音楽を直接からだで感じ、能動的に音楽に関わっていくためにはもっと歌やあそびが必要であると考えていた（*ibid*.: 195）。しかし、当時の教科書に掲載されている歌には生活、あるいは人生というものがなく、人間のよろこびや悲しみがなく、痛みを感じさせるものがなく、それが避けられているようにさえ感じられるとする（*ibid*.: 196）。

創作に対しては「指導要領が生んだ最大の傑作」と皮肉を交えながら痛烈に批判し、「教科書にでてくる《創作》なるものは、作曲とも創造とも音楽とも、まったく髪の毛一筋ほどのかかわりもない」（*ibid*.: 207–208）とまで述べる。鑑賞教育に対しても、「鑑賞とは勝手きままなもの」（*ibid*.: 209）であり、子どもに「どう思った」などと感想を求めたり、楽曲の構造を聴き取れたかどうかを問いただしたりするべきではないとする。

学校の音楽教育ができることというのは、あくまで音楽の入り口を自分たちで発見できるようにすることであると林は考えている。そして彼は「学校教育に都合の良い部分だけを切り取って、これが、これだけが本当の音楽でございますなどと言うことを許さない」（*ibid*.: 211）と述べ、学校で行われる音楽教育が知識や技術教育に終始してしまうことを危惧していた。

当時の文部省による教育行政に目を向けると、一九六八（昭和四三）年版の学習指導要領・音楽編改訂の要点として、領域の構成が「鑑賞」「表現」から「基礎」「鑑賞」「歌唱」「器楽」「創作」へと改められている（真篠 1986: 121）。この改訂を踏まえて考えるなら、林の音楽教科書批判は、芥川と同じ問題意識を有していたことになる。すなわち、文部省の学習指導要領によって音楽が細切れにされ、切り貼りされている、と捉えていたのである。しかし林は単に音楽教科書を批判することにとどまらない。一九六八（昭和四三）年からすでに教研集会と関わっていた林は、当時の音楽教科書、ひいては音楽教育に知識、あるいは技術中心主義という問題意識を見出す中で、民衆芸術論を基にした音楽教育を構想していく。

教研集会および大阪音楽教育の会との関わり

林自身が語るところによると、一九六八（昭和四三）年から始まる林と教研集会との関わりは、「音楽教育の会」の事務局長であった米沢純夫と、米沢の友人の山住に誘われたことがきっかけとなっている。林は初めて教研集会に参加した当時のことを次のように振り返る。

「教研」の中の音楽は非常に古くさいことをやっている、と言うのね。ようするに、日本の楽壇の縮図がそのままあるみたいな。それで、いっぺんのぞくだけでいいから、足を運んでくれないかと。それでその年から参加したんです。

（佐藤 2008: 79）

林は米沢と山住の誘いを受け、作曲家という立場から教研集会の音楽分科会と関わっていくことになる。林は教研集会に関わろうと考えた理由として「大きく言えば、音楽教育の中での一種のたたかい、煎じつめれば、日本の西洋音楽、楽壇にたいするたたかいで、結局はあったかなというふうに思います」(*ibid*.: 80) と述べている。林の根底には、まずもって当時の日本の音楽教育、またひいては自分が所属する楽壇の音楽観に対する疑問があった。林は教研集会に実際に参加することで、その疑問が果たして正しいのかどうか、そしてまたその疑問に対する自分の立場について考えるきっかけを得ることになる。

林は一九六八(昭和四三)年から一九八八(昭和六三)年を除き、一九九二(平成四)年まで計二四回にわたって教研集会の講師として参加している。講師としての役割について林は「音楽教育のための「知恵貸し屋」として、毎年参加したというようなことです」(*ibid*.) と述べ、自身と教研集会との間に一定の距離を保ちつつ音楽教育への提言を行なっていく。

林と「大阪音楽教育の会」との出会いは一九六八(昭和四三)年の一月に新潟で開かれた第一七次教研集会の音楽分科会である。「大阪音楽教育の会」は一九六三(昭和三八)年よりサークルとしての活動を開始していた。そして一九六七(昭和四二)年より「音楽教育の会」に参加し、教研集会にもグループ単位で参加するようになる。彼らの当時の活動は、サークル誌『入道雲』や「音楽教育の会」が発行する雑誌『音楽と教育』などに実践記録が残されている。またサークル誌と同タイトルである『入道雲』という曲集には「大阪音楽教育の会」が当時扱っていた教材がまとめられており、実際に歌われていた曲の内容を知ることができる（「大阪音楽教育の会」の概要については第七章を参照）。

林は、はじめて講師として参加した教研集会で特に注目したのが「先輩格の群馬の教師たちの実践に影響されて、歌唱を中心とした音楽教育の道を歩みはじめたばかりの、大阪サークルの細川さんたちだった」（大阪音楽教育の会編 1975: 8）と述べている。このように「大阪音楽教育の会」との出会いについて語る林は「大阪サークルはいつも標識であり、また盟友だった」（*ibid.*: 9）と述べるなど、自身の音楽教育を考えるにあたり、特に歌うことを音楽教育の中心に据える「大阪音楽教育の会」の活動を参照していた。

第五章で取り上げた教研集会では、一九五六（昭和三一）年に行われた第五次教研集会から美的情操への批判に加え、わらべうたによる教育について「音楽教育の会」を中心として議論がなされていた。そうした中、園部や山住が理論的指導者となり、一九六二（昭和三七）年の第一一次教研集会や、園部と山住による共著『日本の子どもの歌――歴史と展望』において、音楽教育の具体的実践として、ハンガリーやドイツの音楽教育に着想を得たわらべうたによる音楽教育や、「歌曲集と系統的学習のための教科書という二本立て」を提案している（園部・山住 1962: 204）。そしてその後わらべうたによる教育や二本立て方式は一九六〇年代の教研集会において本格的な研究テーマとなった（日本教職員組合編 1969: 31）。つまり、林や「大阪音楽教育の会」が教研集会に関わりはじめた時期というのは、二本立て方式やわらべうたの音組成によるソルフェージュを推進するグループとともに、群馬県や「大阪音楽教育の会」など、歌うことを音楽教育の中心とするグループの活動もまた活発になっていた時期であった（村尾 1978: 81）。

林と「大阪音楽教育の会」の細川廣一による対談（林 1974: 164–220）で、細川は当時の状況を振り返り、子どもたちが歌わないのは楽譜が読めないからという論理がソルフェージュへとつながっていたと捉えている（*ibid.*: 176）。またわらべうた教育についても、本来は歌っていて楽しいものという位置付けがいつのまにかソルフェージュに結び付けられて教材化されたことに問題意識を感じていた（*ibid.*: 179）。

こうした活動に対し、「大阪音楽教育の会」は群馬の合唱を中心とする音楽教育に影響を受け、歌を一本とした授業づくりに挑戦していた。林もまた「ソルフェージュにしたとたんに子どもが受け身になった」（*ibid.*）と捉えており、ソルフェージュを中心とする音楽教育に疑問を抱いていた。この時林は、音楽理論はあとからついてくるはずなのに、「教育音楽」の世界ではそうではないらしいという事実に驚いている（*ibid.*: 185）。

林は音楽を教育するということが安易にソルフェージュにつながり、結果として音楽教育が技術を身につけることに終始してしまうことを恐れていた。つまるところ林は当時の教科書と同様に、教研集会で議論される内容についても技術や知識を教え込むことを優先する向きがあるように感じていたのである。

学校の中で扱われる音楽について林は、長い時間をかけて作り上げられる過程で関わった人間を考慮しておらず、結果として残された音楽が整理されたものと考えていた（*ibid*.: 220）。言い換えるなら、林の考える音楽とは、そこに関わる人と一緒に作り上げられるべきものであるといえよう。すなわち、彼の考える音楽教育とは、抽象化された音楽教育のシステムに則って進めていくようなものではなく、目の前の子どもの反応や、その場で生み出される歌声を基に作り上げていくことをめざしている所に特徴がある。こうした考え方は、教研集会において二本立て方式やわらべうたによるソルフェージュといった当時の音楽教育と実際に関わり、それらを乗り越えようとすることを通じてはじめて理論化されたものであるといえるだろう。そしてこれらを踏まえ林が提示する音楽教育論が、民衆芸術論をベースとした「歌を中心とする音楽教育」であり、さらにそれを具体的に実践していくための「教材論および伴奏論」である。

林の音楽教育論

先述の通り林の根底には、宮沢の文学作品にヒントを得た民衆芸術論があった。彼は一九七〇年代後半に宮沢の作品を読み返したときに感じたことについて次のように述べている。

このクニの音楽界という専門家社会で、「正しい知識と完全な技術を手にしたものの上に（のみ）音楽の神は宿る」というのは、あたりまえのこととして受け入れられてきた。だが、「音楽の神が宿ったものこそが、知識や技術を欲し、またその知識や技術を血や肉とすることができる」というのも真理ではないのか。

（林 1990b: 206–207）

一般的に、学校で行われる音楽教育においても、知識や技術を積み上げた上で音楽が身についていくと捉えられていることが多い。それに対し林は、音楽そのものに触れることが大事で、知識や技術はその結果として後からついてくるものだと考えた。こうした前提に立った上で、「歌うことから始める音楽教育」を構想しているのであろう。

ではここで具体的な教材を取り上げながら彼の音楽教育について考察していく。教研集会では、教科書にとらわれることなく、教材を独自に追い求めていく中で、わらべうただけでなく、うたごえ運動で歌われていた歌など、様々な曲が取り上げられていた。そうした流れの中で西洋の古典的な名曲を歌うことの価値もまた評価されており、林も教研集会においていわゆる西洋芸術音楽の代表曲である《魔王》および《ます》を教育的価値の高い歌唱教材として頻繁に取り上げている。一九六八（昭和四三）年の第一七次教研集会では、シューベルトの《ます》について、ある都道府県の発表の中で、付点音符で歌うべきフレーズが八分音符で歌われていると批判された(7)ことを取り上げつつ、そもそも楽譜に忠実に歌うことにこだわることが教育上本当に必要なのかどうかを林は問うていた。また、一九七五（昭和五〇）年の第二四次教研集会において、集会の参加者から《ます》を小学生が歌うには早いのではないか、という意見が出たことに対し、林は「古典」の捉え方が重要だとしつつ、次のように述べる。

シューベルトにかぎらず、「西洋音楽」のなかのいちばんよい、そして普遍的な、いわば人間の財産である「古典」、つまり子供たちにとてもふさわしい「友だち」を、「まだ早い」からとどこかへかくしてしまい、そのかわりに、それに似せてつくったつもりの、不細工なカカシみたいな、まがいものの「西洋音楽」をそこらじゅうにぶちまけているのが、文部省式音楽教育のなかみだ。

（林 1979: 105）

林は教材を学習指導要領に基づく段階論的な教材観で捉えていない。彼は目の前の子どもが生き生きと歌っているかどうか、そこに子どもの成長が見られるかという視点で教材を捉えていた。一九七六（昭和五一）年の第二五次の教研集会では、大阪から提出された調子はずれで歌っている声が録音されているシューベルトの《魔王》の演奏が多くの参加者に感銘をあたえ、支持されたことを取り上げている。このテープでは冒頭のピアノは右手の三連符をほぼカットして左手のみで演奏していた。また、高音域を出せない男の子が調子外れで歌っていたが、それでもなおこの演奏が参加者に支持されていたことに林は注目している（*ibid.*: 114）。林は「大阪の『魔王』のテープがさいしょかけられたとき、まずきこえてきた九つの音にこめられた気魄のすばらしさに、ぼくはうたれた」（*ibid*.: 115）と述べ、単にピアノの技術の話ではなく、子どもの歌声を引き出している点で林はその実践を評価している。調子はずれの男の子の歌声の聴き方は「音波測定器」（*ibid*.: 117）によるものであり、ピッチにこだわってしまうことで、教材の質や子どもたちの可能性を見誤ってしまうと林は考えていた。また、音楽を教育するにあたり、ピアノの技術を重視するのではなく、子どもの歌声を引き出すものかどうかに注目するところが林の伴奏に対する考え方であった。

音楽教師の伴奏かくあるべし

次に林自身の作曲による《十二月の歌》を取り上げ、彼の伴奏の捉え方について考えてみたい。一九五四（昭和二九）年に作曲された《十二月の歌》は、もとはオペラ《森は生きている》の劇中歌である。林は《十二月の歌》を作曲するにあたり、少しでも歌手が歌いやすくなるよう配慮していた。具体的な配慮として林は臨時記号をなるべくつけない、そして音域を思いきって狭くするなどの工夫を施していた（林 1974: 265）(8)。

教師のピアノ伴奏にもこうした配慮は及んでいる。「大阪音楽教育の会」が編集する教材歌曲集『入道雲』の第一四巻（大阪音楽教育の会編 1980）を見ると、あとがきにあたる部分で《十二月の歌》の伴奏が取り上げられている。ここでは、①林によるもとの楽譜に加え、②ニ長調からヘ長調へと移調した上で、さらに右手の和音を減らした楽譜、そして③ピアノが苦手な教師のために林が易しい伴奏に編曲した楽譜、そして④丸山亜季によるさらに簡易な楽譜の計四つのヴァージョンの伴奏が挙げられている（*ibid.*: 24-26）。もともとオペラの中で役者が踊れるように一定の長さがあった間奏部分が、子どもたちが歌いやすいように短く編集されている。伴奏も楽譜に忠実に弾くことよりも「どれだけ豊かなイメージをもって伴奏を弾くか」（*ibid.*: 26）が重視される。このように「大阪音楽教育の会」は子どもと教師の目線から伴奏のあり方を考えていた。そして林も《十二月の歌》の伴奏を教師のために新たに編曲することを通じて「大阪音楽教育の会」の考える伴奏のあり方に賛同していた。

まとめ

ここで第六章から導き出される結論として次の二点、すなわち「戦後音楽教育史における林の位置付け」および「林の音楽教育論の特徴」について述べる。

林は教研集会に講師として参加し、現場の教師と多く関わっていた。そして、具体的な実践を通じて当時の教研集会で中心的な話題であった二本立て方式やわらべうたの音組成によるソルフェージュなどを乗り越える形で自身の音楽教育論を提示していった。つまり林は園部や山住以降の教研集会において議論を推進させる上で中心となっていた人物であり、また「大阪音楽教育の会」との関わりをはじめ現場の教師への影響は大きかった。このように、林と音楽教育の関わりは特に一九七〇年代周辺の文部省による音楽教育と民間の音楽教育研究団体、すなわち現場の教師によって行われていた音楽教育の関係を考える上で重要な役割を果たしていることを明らかにした。

第六章で示したように、林の選ぶ教材とは、段階的に知識や技術が積み上げられていくために選ばれる曲ではなく、教室にいる子どもたちが興味を持って歌える曲である。そして伴奏においても、単にピアノの技術を求め楽譜通りに弾くことにこだわるのではなく、子どもの声を引き出すことに注力できるように、それぞれの教師が持つ技術に応じて、楽曲の持つエッセンスを抽出することが求められていた。林の音楽教育の特徴は、宮沢の文学作品に着想を得た民衆芸術論に基づき、学習指導要領や教科書など、あらかじめ決められたシステムではなく、目の前の子どもと向き合いながら教材を選び、教師の伴奏もまた子どもの声を引き出すため柔軟に対応する中で、その場で共に音楽を創り上げることを重視する点にある。子どもの反応や歌声、そしてそれを引き出す教師など、その場に関わる人や過程を重視する林の音楽教育論は、素朴ではありながらも音楽教育を実践する上で普遍的な視点を提示しており、現代においてもなお意義を有するものであるといえるだろう。

註

（1）うたごえ運動は、関鑑子が指揮者として活動していた中央合唱団を中心に戦後に広がりを見せた運動である。一九五一（昭和二六）年には『青年歌集』という曲集が発行され、版を重ねベストセラーとなるなど、学校現場を含む一般の人々にも広まっていた。なお、うたごえ運動の歴史については長木（2010）、河西秀哉（2016）および渡辺裕（2010）を参照。

（2）一九四九（昭和二四）年から現在まで形を変えながら続く音楽鑑賞団体である労音は、もともと「関西勤労者音楽協議会」という名で行われた例会に端を発する。この団体はのちに「大阪勤労者音楽協議会」へと改称し、その後一九五〇年代にかけて京都、神戸、和歌山など関西を中心に同様の組織が誕生する。そして一九五三（昭和二八）年に東京で労音の組織が結成されたことを契機として、労音は全国的な組織となったと長﨑励朗は述べる（2013: 65）。また長﨑はこうした音楽鑑賞団体の全国的な広がりにより、「労音」という名称が「実体的な音楽団体を指すとともに、複数の音楽団体を結びつけるブランドとしての意味も担うようになったといえよう」（*ibid.*: 67）と述べている。

（3）以上林のプロフィールについては石田一志（2005: 114–116）を参照。

（4）なお、ここで挙げた林による一連の文献は、書き下ろしに加え雑誌や新聞などに寄稿した文章で構成されている。それぞれの文章の初出の時期については、各文献に示されている初出の情報を参照されたい。

（5）林と労音との関わりについては、一九六〇（昭和三五）年に大阪労音からの依頼でショパンを中心とする演奏会を企画した（林 1956: 163）ことや、オペラ「絵姿女房」を一九六一（昭和三六）年に作曲したことがあげられる。その後林は一九六五（昭和四〇）年に結成された「日本音楽協議会」に芥川らと参加する。この音楽協議会には社会党をはじめ、全逓、全電通、私鉄、国労、全専売の労働組合が参加していた（長木 2010: 98）。この後に述べるうたごえ運動との関わりを含め、林と社会運動との関わりは深く、教研集会への参加もこうした流れを含んだものであるといえよう。

（6）林が引用した箇所は次の通り。「二時間目は一年生から六年生までみんな唱歌でした。そして先生がマンドリンを持って出て来て、みんなはいままでに習ったのを先生のマンドリンについて五つもうたいました。三郎もみんな知っていて、みんなどんどん歌いました。そしてこの時間はたいへん早くたってしまいました」（宮沢 2011: 24）。

（7）実際には発言者の指摘の方が間違いであったことが後に指摘されている（林 1974: 166）。

（8）この曲を教材として用いたのが劇作曲家の丸山であった。丸山はこの曲を子どもたちに歌わせてみたいと考えていたが、実際に歌ってみると「音が低い感じがして、ヘ長調に変えちゃったんです」（丸山 1997: 73）と述べており、教材として使用する際には歌いやすさを考慮し、ヘ長調で演奏していた。

第七章　現場の教師たちが作り上げる音楽教育

大阪音楽教育の会の教材観を手がかりに

一九七〇年代の大阪音楽教育の会の活動

本書で既に何度か取り上げてきた教研集会では、その後も音楽教育について、各都道府県の教師たちがレポートを持ち寄り、音楽教育について分科会で議論が繰り広げられていた。四童子裕によれば、教研集会では時代に応じ、さまざまなトピックが取り上げられてきた（四童子 2011）[1]。

さて、第七章で取り上げる一九七〇（昭和四五）年前後は、第六章で既にふれた二本立て方式のうち、系統的な学習を通じて、音楽の基礎的な力の向上を主な目的とするB活動についての議論が活発になっていた頃である。B活動については、特に「北海道音楽教育の会」が積極的に取り組んでいた（三村ほか 2011）。しかし、このB活動については、無味乾燥な訓練に終わってしまっており、バルトーク・ベーラやコダーイ・ゾルターンのような芸術性の高い作品ができず試作の域を出なかったこと、さらにB活動がなくてもA活動が成立する、という意見があり、そもそも二本立て方式に対しても疑義が呈されていた[2]。

次に、大阪音楽教育の会の活動について、当時の教研集会における群馬県の活動との関わりを取り上げておきたい。大阪音楽教育の会は、一九六三（昭和三八）年よりサークルとしての活動を開始していた。サークル内では教科書に対する不信について参加者の意見は一致していた（大阪音楽教育の会 1977: 34）。しかし、実際の授業をどう変えていくかについては確たる方向性が見いだせずにいた。そうした現状に対しサークルでは、「やさしくてたのしい歌をたくさんうたわせる、ブロックフレーテの合奏をさせる、ソルフェージュを徹底させる、創作指導をやる」（*ibid.*）など、各々がそれぞれで実践を行なっている現状であった。一九六七（昭和四二）年に音楽教育の会に参加し、教研集会にも集団で参加し、音楽教育について学んでいたものの、器楽、歌唱、ソルフェージュ、創作についてはいずれも行き詰まっていた（*ibid.*）。そこで大阪音楽教育の会は第一六次教研集会で群馬の教師たちの実践に触れる。大阪はこの教研集会では、それまでのソルフェージュに行き詰まりを感じ、短い言葉・文章にふさわしいリズムをうたったりリズム打ちをしたりするといった創作指導を提案していた（日本教職員組合 1967b: 160）。一方群馬では『音楽教育で何を教えるか《主題と理想の追求》』と題したレポートで、「合唱を通じてこそ、よい音楽に感動する豊かな心を育てることができる」（*ibid.*: 160）とし、次のように述べている。

教研集会では、第四次教研から第一一次教研にかけて、音楽において重視すべきは技術か感動かという議論がなされていた。斎藤は、当時教研集会にて話題となっていた「技術か感動か」の問いに対し、一定の方向性を提示し、そのために音楽を「子どもたちを育てるための手段として使いこなすことが必要」(*ibid*.: 96) と述べている。また、彼は小学一年生と五年生の子どもたちによる合唱に感動したエピソードを語っていたこと (*ibid*.: 92) や、感動を育成するために注意深く教材を選択していかなければならない、と述べていたこと (*ibid*.: 99) からも、「感動による合唱指導」や「教材の自主編成」という、教研集会における群馬のスタンスは斎藤の音楽教育観に大いに影響を受けていたと考えられる。

さて、当時から教科書を使わず、独自の教材によって授業を行なっていた島小学校では、音楽においても新しい教材が求められていた。そこで劇団人形座で作曲を担当しており、また島小学校と関わりのあった丸山に斎藤が作曲を依頼し、丸山は子ども向けに数多くの合唱曲を残す（小山 2011: 26)。丸山もまた音楽教育によって人間を育てることが目的であると考え、音楽教育によって子どもたちを変えていく、と主張していた。

音楽によって人間を育てることをめざす島小学校での実践について小山英恵は「音楽によって通俗性にまみれた子どもを清潔にする、より質の高い新しい世界を広げるというように子どもを変えることを目指すもの」（小山 2011: 26）と、その意義について述べている。

しかし、この斎藤や丸山を中心とする合唱指導によって歌われる子どもの歌声については賛否が分かれている。特に合唱曲《一つのこと》を巡る楽曲の出来に関する論争[3]や、一九六七（昭和四二）年一〇月に境小学校の運動会での野外音楽舞踊劇として作詞作曲された《風と川と子どもの歌》のLPが発売されたことを契機とする、作曲家の中田喜直による批判や、それに対する丸岡秀子の反論、その後雑誌『音楽教育研究』誌上での特集などの一連の騒動[4]によって、その是非が問われていた。その対立構造は、一言でいうなら、音楽教育によって追求すべきものが専門性なのか、それとも人間性なのかであった。一方は芸術音楽において必要とされる美しいハーモニーがめざされ、もう一方では、そうした音楽の美しさは、子どもの感覚を大人の感覚に閉じ込めようとするものであり、まずは子どもが成長することを第一に考えていた（*ibid*.: 31）。

以上群馬の実践について、斎藤や丸山を中心に見てきたが、大阪音楽教育の会もまた、教研集会などを通じ、音楽教育において人間性の追求を選び、この理念によって生み出される子どもの歌声に影響を受けながら独自の音楽教育論を構築していく。

これまでに見た通り、教研集会における群馬の教師たちが実践していた音楽教育は、音楽の技術を高めたり音楽美に触れたりするということ、つまり音楽そのものを学ぶという立場とは明らかに異なっている。ここでは音楽を教育の手段として、人間形成のために用いることが求められているのである。そのために歌（合唱）を教育の中心としたこと、自主的に教材を編成すること、そして感動をめざすこと、の三点が具体的な方法として示された。まさにこれらの点について大阪音楽教育の会は影響を受け、歌唱を中心とする音楽教育を推進していくことになる。

大阪音楽教育の会の教材観

大阪音楽教育の会は、先に述べた通り一九六七（昭和四二）年より音楽教育の会[5]に参加し、グループで教研集会に参加するようになる。また、大阪音楽教育の会は、「書くことは考えること、考えることで自己をみつめ、授業を検討し、子どもを発見できるのではないか」（大阪音楽教育の会編 1975: 92）と考え、月刊誌『入道雲』や同タイトルの曲集や、音楽教育の会が発行する雑誌『音楽と教育』など、多くの場所で実践記録を残している。これらの実践記録は『音楽の授業〇　歌曲による授業をめざして』『音楽の授業――子ども　うた　ぼくらの授業』『音楽の授業二　そのときうたは生まれる』の三冊にまとめられている。

さて、大阪音楽教育の会が歌うことに焦点を当てた音楽教育をめざすきっかけになったのが、先にも触れた第一六次教研集会であった。その後、音楽教育の会が主催する全国大会にて、大阪音楽教育の会は、これまでの実践を通して、音楽教育に対する仮説を次のように提示する。

＊音楽教育でもっともたいせつなのは表現活動そのものの内面発展の指導だ。
＊しかも表現活動のなかでは「うたうこと」が何よりも根本的に大切だ。
＊感覚や技術の教育は表現活動のなかで総合的に育てることも可能だ。
＊感覚や技術の育成そのものが第一ではない。表現そのものの内面化が教育の中心であり、それを

通して子どもたちが成長していくことがさらにたいせつなことである（大阪音楽教育の会編 1977: 68）

さらに、この宣言に続き、歌う意識と歌声は、まずは子どもたちが歌いたいという気持ちにさせ、歌いはじめることによって育つことや、単なるソルフェージュや学習指導要領でいうところの歌、器楽、鑑賞、創作といった領域による指導への疑問が呈される。また、教材曲についても、「音楽教育をほんとうの人間教育と結びつけるものは教材であり、授業であり、それを支えそれをやりとげる教師の力だと思います」（*ibid*.: 70）と述べ、子どもたちの歌う意識の成長に沿った教材を選択することが述べられる。

さて、この宣言は、群馬県が第一六次教研集会にて合唱による教育を宣言したことが影響していると思われる。群馬との共通点としては歌うことを中心に据えていること、また歌うことで表現や技術が同時に高められるということ、つまり、二本立て方式によるA活動あるいはB活動といった枠組みを超えた教育が歌唱教育によって可能である、と考えていた点が挙げられる。また、反抗的な子どもこそより意欲的に歌っていると捉えるところは、何よりもまず歌う意欲を育てようとする大阪音楽教育の会の特徴であるといえる。

また、前述の《風と川と子どもの歌》をめぐる議論のなかで、大阪音楽教育の会に所属する細川は、音楽教育をめぐっては、ふたつの「音楽教育」論があるとし、一方は「子どもたちに音楽を教育する」もので、子どもや教育より音楽が先行し、それは技術中心主義であるとする。そしてもう一方では「教育のなかの音楽科」というものがあり、それは子どもたちの人間性（可能性）を育てていく教育という行為のなかで、音楽科は何をしなくてはならないかと考える立場であり、「教育のために音楽を使うのだ、と言ってしまってもよい」（*ibid.*: 228）と細川は述べる。この発言に見られるように、細川をはじめ大阪音楽教育の会では、音楽による人間教育を念頭においていた。それは、諸井や文部省がいうような「音楽教育即情操教育」とは異なるし、また、戦前の修身教育的な音楽教育とも異なっている。まずは感動ありきであって「私たちがめざすのは「音楽の国」なのでなく「人間の国」なのである」（*ibid.*: 234）と述べ、音楽による教育をまずめざすべきであると主張する。

次に大阪音楽教育の会による教材観について見ていく。まず大阪音楽教育の会が教研集会で活動する以前の大阪のレポートを取り上げることで、大阪音楽教育の会とのつながりを明らかにしておきたい。大阪では、大阪音楽教育の会が活動を活発化させる以前から教研集会において教材編成の重要性が訴えられていた。たとえば第一二次教研集会のレポートでは中学校において教科書に掲載されていない曲を積極的に取り上げ、子どもが生き生きと歌うようになったことが述べられており、その後の方向性として「教材の発展」を進めていくことが指摘されている（大阪教職員組合 1963: 5）。続く第一三次教研集会のレポートでは、独自の教材集を編集しており、そこでは、『日本民謡集』やろばの会が発行する『新しい子どものうた』や『青年歌集』などから曲が選ばれており、新しい子どもの歌やうたごえ運動などで歌われた歌からも積極的に曲が選ばれている（*ibid.* 1964: 5–6）。

また、この教材集に取り上げられている『青年歌集』収録の《俺たちゃ若者》を授業で生徒に歌わせている例が第一四次教研集会のレポートで取り上げられている（大阪教職員組合 1965: 5）。このように、大阪では、大阪音楽教育の会の教材観より以前に、すでに教材に対する議論が起こっていた。そこでは、うたごえ運動やろばの会の活動、あるいは民謡など、音楽教科書以外からの教材を積極的に採用することで、子どもたちの歌う意欲を育てようとしていた。また、実際のところ、雑誌『音楽と教育』において、大阪の音楽教育サークルに参加していた教師が、うたごえ運動から学んだこととして、子どもの意欲を技術に先行するものとしてとらえるようになったこと、アジアの民謡や、日本の民謡、また日本人作曲家による創作曲を積極的に取り上げるようになった点を挙げている（大阪サークル 1966: 35）(6)。理論および教材に関する観点が大阪サークルで共有され、さらに第一六次の教研集会における群馬県の実践に後押しされる形で大阪音楽教育の会の教材観が方向づけられようになったのである。

では、実際に大阪音楽教育の会は教材をどのように考えていたのか。一九七〇（昭和四五）年に東京で行われた第一五回音楽教育の会の全国大会において「私たちの教材にたいする考え方」と題して教材観について述べている。以下に示すのはその主張の骨子である。

「一　私たちの教材観」では、入試制度や画一的なカリキュラム、あるいは社会風紀の乱れなど、「ほとんどの子どもはあらゆる社会的要因でもってダメにされつつあるのではないかという共通理解」のもと、あらゆる子どもたちが精一杯歌えるようになってほしい、という願いから「子どもの現実を変え、高め、育てるはたらきをする」教材を選ぶ必要があると述べる（大阪音楽教育の会編1977: 116）。

そしてそうした教材の条件として**表6**にある六つの条件が提示される。特に（ハ）や（ニ）では、子どもにとって努力すれば乗り越えることができ、かつ自分の知らなかった世界を知ることのできる内容を備えていることが条件となっている。また、「三　教材の配列」では、単なる技術的な配列に陥ることなく、目の前の子どもが自分たちを見つめ、「こうありたい」と思えるような教材を配列していく必要があるとする。

細川は、教材が子どもの心の中でどう位置付き、広がっていくのかを次ページの図のように示している。彼は、《俺たちゃ若者》をまず歌わせている。それを土台として発展する曲、互いの曲を総合し発展できる曲、あるいは広がりを持つ曲を設定しようとしている（大阪音楽教育の会編1975: 80）。細川の表現は「広がり」や「発展」など抽象的な言葉で表現されており、技術的な観点から教材を配列しているわけではなく、目の前の子どもの内面の成長を願い、その中で教材を配列していたことがこの図から窺われる。つまり、技術的な発展ではなく、歌うことによって心の成長をめざしていた、ということであり、そのための教材配列ということになる。

表6　大阪音楽教育の会の教材観について(7)

一　私たちの教材観 （イ）教材は子どもを変える （ロ）「教材」だけの力ではない
二　教材の条件 （イ）子どもが共感を持つもの （ロ）教師の〈願い〉が反映しているもの （ハ）のりこえさせるべき壁があるもの （ニ）未知の世界の扉を開かせるもの （ホ）集団が使えるもの （ヘ）日本語の語感が生かされているもの
三　教材の配列 （イ）羅列は子どもをだめにする （ロ）たんなる技術的な配列も子どもをだめにする （ハ）同系統の曲を続けるより、異質なものを （ニ）現実の自分をうたうことから

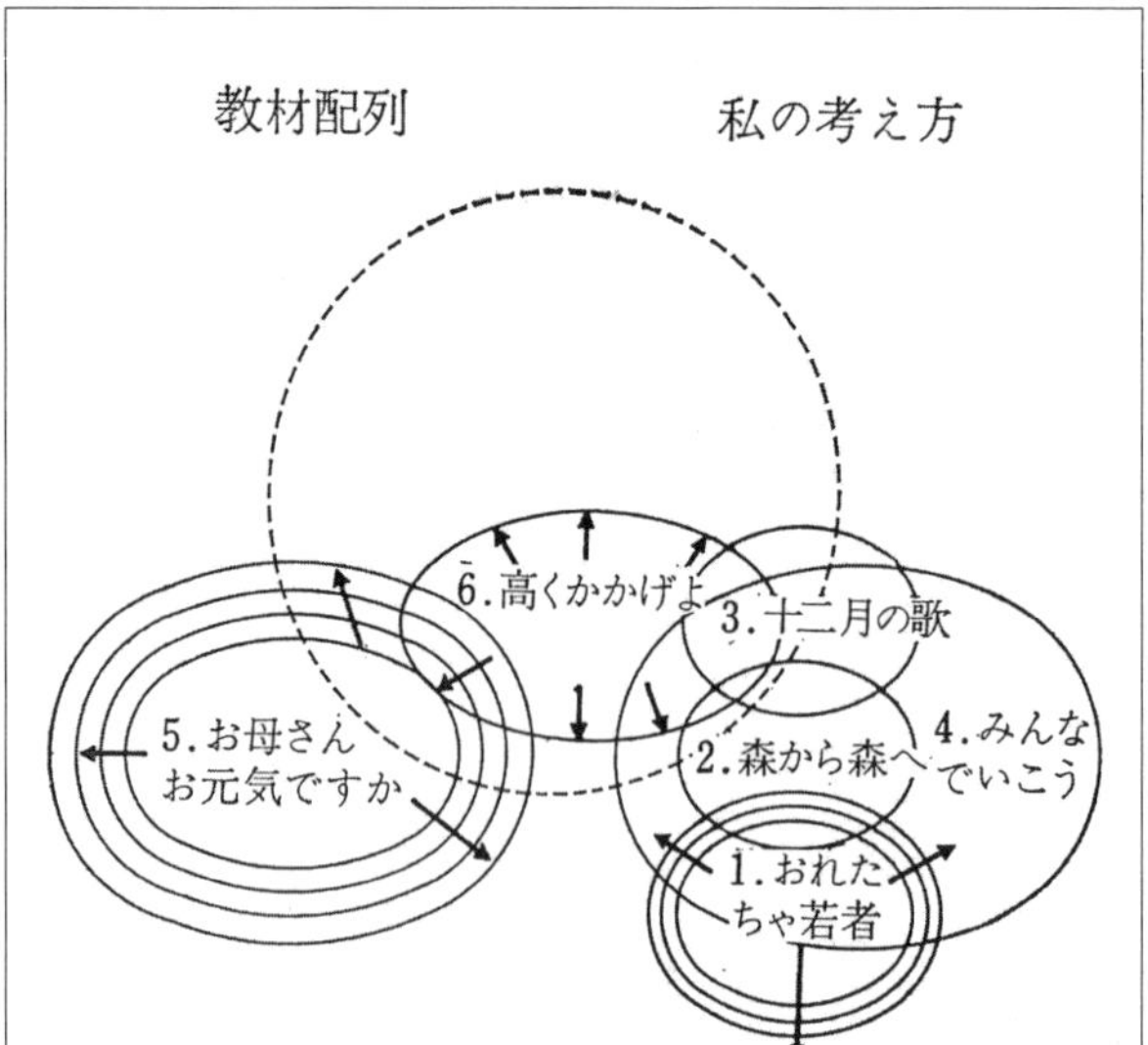

図　細川による教材配列の考え方（大阪音楽教育の会編 1975: 80）

教材集『入道雲』の内容とその特徴

さて、大阪音楽教育の会は、歌唱教育の研究を進めながら、『入道雲』という曲集を一九七一（昭和四六）年から発行する。ここではこの曲集を手がかりとして、大阪音楽教育の会の教材に触れることで、その教材論の独自性について考えていきたい。

まずは、『入道雲』の収録曲の特徴について見ていきたい。現在筆者の手元にある曲集は第一八集まであり、再録された曲も含めると全二三七曲ある。収録されている曲は、唱歌、わらべうた、民謡を含む日本の曲がもっとも多い（一二二曲）。中でも当時の日本の作曲家による歌曲が多く（一〇一曲）、その中でも丸山が作曲した数が七一曲で約七割にのぼる。外国の曲が合計すると一〇六曲である。ロシアに関する曲が多いが、中にはシューベルトの《魔王》など、いわゆる芸術歌曲や、バッハのメヌエットやガボットなどの器楽曲も見られる（不明曲九曲あり）。また《星よお前は》《手のひらのうた》《統一列車は走る》など、うたごえ運動で歌われ『青年歌集』に掲載されていた曲が『入道雲』でも取り上げられている[8]。

次に『入道雲』と群馬の取り組みの関連について考えてみよう。群馬音楽教育の会が編集し、一九六七（昭和四二）年から一九七七（昭和五二）年にかけて発行された「授業のための歌曲集」全一〇集の一六七曲の収録曲と比較すると、一一七曲がお互いの曲集で重複している。もちろん当時の教研集会の活動のことを考えると、全国で同時期に共通した題材を用いていたことがあり、収録した時期に前後があるにせよ、「授業のための歌曲集」で収録されたあと、『入道雲』に掲載された曲が多い（九二％）ことからも、『入道雲』が「授業のための歌曲集」をはじめとする群馬の活動に影響を受けていたといえるだろう。

さて、この『入道雲』の各巻末にはあとがきがあり、実際に教材を試す中で感じられたことについて書かれており、当時の大阪音楽教育の会が教材を選ぶ過程でどのようなことを感じ、考えていたかを窺い知ることができる。たとえば、この第一集のあとがきでは、音楽を教えるということは、単なる技術指導に終始するのではなく、子どもの内面に働きかけることであると述べ、さらに、音楽嫌いの子を含め全員が皆で一緒に参加できる歌うことが指導の中心となったことや、そしてそのために、子どもたちの心に直接訴えかける教材曲を探していったことが述べられている。つまり、大阪音楽教育の会のこれまでの活動の中で構築されてきた理念のもとにこの教材集は作られている。

さらにこのあとがきでは、伴奏については左手で単音のバスをつけるのみで、あとは子どもたちの歌声に対応した伴奏を教師自身が工夫することや、強弱や速度記号をあえてはぶき、既成概念にとらわれずに教師自身が楽曲を解釈することが求められている。彼らは、子どもを中心に据え、子どもに応じた伴奏や楽曲の解釈を求めていた。この価値観は、教研集会において「塗り絵式音楽教育」と揶揄された既存の音楽教育に対抗するものとしてその中心をなすものである。

教材曲の検討――《星よお前は》《よだかの星》を例に

では、大阪音楽教育の会の教師たちは授業においてどのようなことを目標とし、指導していたのか。ここでは、第二一次教研集会で大阪から提出された《星よお前は》のテープをめぐる議論をてがかりに考えていきたい。

第二一次教研集会で大阪からは中学三年生が歌う《星よお前は》《手のひらの歌》《統一列車は走る》のテープが提出された。このテープに対し、教研集会では歌声が暗いと批判が集中した。これに対し、大阪の参加者は、就職や進学を目前に控えており、また在日外国人の多い中学三年生の現状において、現実は暗く、まずは本音を出させなければならない、と考えていた。さらにこれに対しても、否定的な面だけを拡大している、とやはり批判が加えられた（日本教職員組合編 1972: 267）。

これに対し、実際に授業を行なっていた細川は、こうした批判は誤解であるとし、次のように述べる。

ぼくらが言っている本音というのは、何でもいいからまず声を出せという本音ではなくて、受験体制に置かれている子供たちが、自分のまわりに起こっている身近な問題に対して何か感じているはずなのに、それを見て見ぬふりをして、音楽の時間だけにきれいごとをうたう、そういう声にうそを感じて耐えられなかった。まず本音を――いま思っていることを出そう、きのうまできていた友だちが家出していなくなったその友だちをどう思うのだという声を出そうじゃないか。ということで『星よおまえは』をうたわせたわけです。

（林 1974: 193）

細川は、テープを聞くことのみによって子どもが判断されることに対し、作品主義、完全主義に陥ってしまうと危惧している。細川は子どもたちが「矛盾だらけの歌声を出すことを否定してはいけない」（大阪音楽教育の会編 1977: 218）と述べ、いわゆる美しい歌声よりもむしろ内面の葛藤がそのまま表現されることを望んでいた。ここに大阪音楽教育の会がめざしてきた価値観が現れているといえるだろう。続けて細川は教材から引き出すものについて次のように述べる。

教材から引き出すもの、それは子どもの意識であり、感情であり、心であり、感動であると思う。歌声はそれらの結果であることが多い。意識に支えられた声こそ本物であると思う。

（*ibid.*: 221）

つまり、教材曲から引き出されるべきものは、美しい歌声や正確なハーモニーではなく、感動といった言葉によって表現される子どもの内面であり、そこにフォーカスすることこそが教師の役目ということとなる。

さて、この第二一次教研集会に続いて、大阪で第一七回音楽教育の会が開催される。この大会のテーマは「教材曲の発見と授業の創造」であった。主催者の一人である細川は、先に述べた《星よお前は》に対する批判を踏まえながらも、この大会テーマを実現するためには、どういう子どもを育てようとするのか、といった子ども像を明確にし、音楽教育を単に音をいじる教科ではなく、人間の成長に不可欠な教科として確立させようという意図が含まれているはずであるとする（大阪音楽教育の会編 1975: 90）。

また、細川は、これまでの大阪の取り組みでは、第一に「学級のみんなをひとりもこぼさず、うたうことに参加させるにはどうしたらいいのか」ということ、そして第二に楽譜がなければ音楽ができない、という思い込みを捨てることがまず課題としてあげられていたと述べる（*ibid.*: 87）。第一の点については、「いつも底辺におかれ、見すごしがちだった子どもたちをしっかりと集団の中に位置付けること」がまずなされなければならないとし、第二の点については、音楽に必要とされる技術が子どもたちを苦しめているとし、「楽譜（読譜能力）でさえい
ま
は必要ではない」と考えていた（*ibid.*）。大阪音楽教育の会では、人間としての教育を音楽教育に位置付けること、そしてそのためには楽譜（読譜能力）は必ずしも必要ではない、と考えていた。

さて、細川はこの大会のテーマである「教材曲の発見」について、従来の教材観である教材の配列などに加え、作詞・作曲活動といった教材をつくり出す仕事を挙げており、自らも宮沢賢治の詩「よだかの星」を用いて作曲を試みている。細川は、この曲を歌うことを通じて次のようなことを子どもに身につけさせようと考えている。

子どもたちに、学級だ、社会だと教える土台に、個人が尊ばれること、個の中にひそむひとつひとつの生命のねうちがわかることのたいせつさを思うのです。この作品を通してひとつひとつの生命が光を放つことのたいせつさを教えられる思いがします。（*ibid.*: 82）

この《よだかの星》はこの大会の公開授業で取り上げられ、細川自身はこの教材が発見に値するかはわからないものの「教材曲をつくるという新しい一歩をふみ出した作品」（*ibid.*: 91）としている。また、音楽教育の会の常任委員であった米沢も、この曲を用いた公開授業について、子どもの声が暗いなどの指摘はあったものの「授業の中で確かに子どもの声が開けていくのだった」と評価している（米沢 1972: 73）。

まとめ

第七章では、大阪音楽教育の会について、教研集会における群馬の教育実践からの影響を参照しながら、大阪音楽教育の会がどのように教材観を形成していったのかについて考察してきた。理論面においては、斎藤や丸山を中心とする、技術主義に対し感動を基にした人間形成のための音楽教育という考えが大阪にも大きな影響を与えていた。大阪音楽教育の会も、こうした考えに共鳴し、独自の歌唱教育論を構築することとなった。また教材集『入道雲』では、群馬の曲集との重複が多数あり、理論面だけでなく、教材の面でも影響関係にあった。

大阪音楽教育の会の特徴は、従来の音楽教育の方法では歌を歌おうとしない子どもに焦点を当て、その子を含め、誰もが声を出し、歌うための教材選びを行なっていたことである。こうした点については、本章で取り上げた大阪サークル時代のうたごえ運動の影響が関係している。つまり、大阪音楽教育の会の音楽教育観は、もともと大阪サークルで検討されていた教材観やうたごえ運動からの影響がまずあって、それを群馬の実践が後押しする形で形成されていったのである。

その結果、大阪では、まず声を出せるように《俺たちゃ若者》や《星よお前は》などうたごえ運動で歌われた曲が導入として用いられるようになった。ただ、まず声を出させる、あるいは本音を出させることを重視するがために、声を出させた後の指導について、どういった教材を選択するのかといった課題があり、それに対する一つの答えとして《よだかの星》が作曲された。

大阪音楽教育の会では、何よりもまず人間性の向上をめざしており、教材の選択も常に目の前の子どもたちの成長のためになされていた。これは、感動をベースとしながら、音楽教育を教育のための音楽として捉える一つの事例であり、さらに情操教育という曖昧な言葉で捉えられる音楽教育から一歩踏み出したものであるといえよう。音楽美そのものを感得することが情操教育になる、という諸井流の教育観と異なり、また戦前の修身教育とも異なる、音楽による人間形成が、感動をキーワードとしてめざされるようになったのである。

また、大阪音楽教育の会で主張されていた楽譜無用論については、民族音楽学者の小泉文夫が一九七三（昭和四八）年に『おたまじゃくし無用論』において、当時の音楽教育を技術偏重で画一的なものとして批判し、わらべうたを取り入れた音楽教育を構想していた時期に重なるものであり、教育現場においても技術偏重に対する反動が具体的な実践となって起こっていたことを示すものである（小泉 1984: 66）[9]。ただし、大阪音楽教育の会の提唱する音楽教育は第七章で見てきた通り、感動を中心に置くという点において、教研集会で取り上げられてきたわらべうたによる教育とは異なっており、その独自性を示している。

第四章でも触れた通り、感動をベースとする価値観は音楽教育の世界において現在も続く一つのムーブメントである。また音楽教育にかかわらずキーとなることが多い概念である。感動を単に技術主義に対置されるものというよりも、音楽教育の根底に流れる価値観として捉えることで、日本の音楽教育史を読み解く新たな視点にできるのではないか。

註

（1）教研集会で取り上げられたトピックは、具体的には「音楽教育において求めるべきは感動か技術なのか」、「わらべ歌を音楽教育でどのように取り扱うべきか」、「歌唱活動を主とするA活動とソルフェージュによる音楽の基礎を培うためのB活動の二本立てで構想された音楽教育において、特にB活動をどのように指導すべきか」、「「子どもが出てくる」指導について」、「君が代の取り扱いについて」、「自主教材・自主編成について」、「伝統音楽について」、「音楽科の評価について」などである（四童子 2011）。

（2）わらべうたの盛衰に関しては渋谷伝（1982）を参照。またこの後の北海道音楽教育の会が二本立て方式をさらに追求していく過程についてては三村真弓ほか（2011）を参照のこと。

（3）《一つのこと》をめぐる論争については小山（2011）を参照のこと。

（4）《風と川と子どもの歌》は、一九七〇（昭和四五）年一〇月に筑摩書房より四枚組のLPとして発売された。このLPをめぐる一連の騒動は、まずは読売新聞紙上ではじまり、その後『音楽教育研究』でも特集が組まれ、さらに読者からの投書もあるなど、肯定、否定それぞれの立場から意見が飛び交っていた。この《風と川と子どもの歌》をめぐる議論について、木村は、「つまるところ「感動」か「表現技術」かはよく論じられる問題であるが、一般的な言い方をすれば、両者は択一的にではなく止揚されるべきものである。感動はすぐれた技術に支えられてより深い表現を生み、表現技術は感動を高らかに表現できてこそ、生きた技術である。島小・境小の感動的な合唱も、レコード化されれば、音そのものだけが客観的実在であり、そのことが考えられるべきであった」（木村 1993: 306）と総括している。

（5）「音楽教育」の会は、一九五六（昭和三一）年に評論家の土田貞夫をはじめとする日教組第五次教研音楽分科会出席者を中心に結成された「音楽創育の会」と、一九五七（昭和三二）年に園部、中田喜直、間宮芳生、林などと東京在籍の教師が中心となって結成された「音楽教育の会」の二つの団体が、一九五八（昭和三三）年に合流して結成された民間教育団体である。米沢によれば、一九五一（昭和二六）年以降さまざまな民間教育団体が結成されており、その連絡組織としての日本民間教育研究団体連絡会に結集する団体は五〇ほどあり、「音楽教育の会」もその一つであった（米沢 1980: 8–9）。また、「音楽教育の会」が発行する『小学生歌集第一集』『小学生歌集第二集』では、子どもの歌を多数作曲していた中田の作品も多く取り上げられており、子どもの歌と音楽教育との関連が指摘できよう。

（6）また、大阪音楽教育の会とうたごえ運動との関わりについては、一九六八（昭和四三）年から教研集会に講師として参加しており、また大阪音楽教育の会とも深く関わっていた林がもともとうたごえ運動に作曲家として深く関わっていたこともあげられる。

（7）大阪音楽教育の会編（1977: 116–122）をもとに筆者が作成。

（8）うたごえ運動においてロシア民謡が取り上げられた理由については、戦前からすでにロシア民謡がレパートリーになっていたことに加え、敗戦後にシベリア抑留から帰還し、ソビエト共産党に傾倒していた井上頼豊などの音楽家たちの影響があげられる（河西 2016: 94–95; 長木2010: 95）。また日本民謡が多く取り上げられた理由についても同じく共産党の影響があり、民族を一つにまとめあげる手段として民謡を用いていた（河西 2016: 95–96）。さらにロシア民謡をモデルとしつつ、日本の民謡を芸術化し、国民音楽を作り上げることが企図されていたことを渡辺は指摘している（渡辺 2010: 259）。

（9）日本人の技術偏重のピアノ教育について論じたものとしてはロナルド・カヴァイエ（1987）を参照のこと。

第八章　文部省と民間団体との緊張関係に見る音楽教育

家永教科書裁判を中心に

家永教科書裁判と音楽教育

第八章では、家永教科書裁判における文部省と民間教育研究団体である「音楽教育の会」の証言に注目し、「文部省と民間教育研究団体との緊張関係」という観点から昭和四〇年代の音楽教育にみられる「情操」という概念が曖昧になる過程を描き出すとともに、本書の冒頭で示した、情操教育が戦前と戦後において連続性があることを明らかにする。すなわち、本章はこれまでの議論——文部省と現場の音楽教育に関する議論を総括する内容となっている。

家永教科書裁判は、東京教育大学教授だった家永三郎が教科書検定のあり方をめぐって提起した一連の訴訟である。家永は一九六五（昭和四〇）年に第一次訴訟を提起した後、一九六七（昭和四二)年に第二次訴訟を、そして一九八四(昭和五九)年に第三次訴訟をそれぞれ提起している。第一次訴訟では、原告(家永)側、被告(国)側ともに教育関係者が多数証言するなど、現場の教師と行政との間で教育の根本に関わる部分について議論がなされた。議論の中心は歴史教科書であったが、音楽科を含む他教科についても原告側、被告側のそれぞれから証人が出廷している。

本章で取り上げる家永教科書裁判は、当時の文部省と民間教育研究団体が、互いの影響関係や共通点についてどのように考えていたのかを議論する貴重な場となっている。そのため、家永教科書裁判での証言を具体的に検証していくことで、この当時の音楽教育における官民の関係性、特に「情操」という両者の音楽教育論に見られる共通点を明らかにできると考えられる。

本章では、原告側証人の米沢及び被告側証人の真篠による証言を取り上げる。米沢は当時小学校教諭で、「音楽教育の会」に所属していた。「音楽教育の会」は一九五八(昭和三三)年に結成された民間教育研究団体である[(1)]。家永教科書裁判が行われていた時期には、「音楽教育の会」に所属する各地の会員たちが全国規模の研究大会で研究発表を行うなど、精力的に活動していた。そして米沢は、この当時「音楽教育の会」の事務局長を担当していた経緯もあり、現場の教師の一人として家永教科書裁判に出廷していた。一九六八(昭和四三)年の米沢による証言では、現場の教師を中心とする民間教育研究団体の立場から、当時の学習指導要領や教科書で扱われる教材について批判的に論じられている。

一方真篠が当時担当していた教科調査官は、教育課程の基準を決めるための調査研究を行い、教育課程の実施にあたっての指導助言を行う立場で、学習指導要領の作成に携わる役職であった。このように、文部省で当時の音楽教育行政の中枢を担っていた真篠は、一九七一（昭和四六）年に「官製の音楽教育」を擁護する立場から証言している。

本章のテーマである文部省と学校現場との影響関係という視点から音楽教育史を捉え、考察した研究に上田のものがある（上田 2010）。上田は、東京音楽学校出身者によって結成された日本教育音楽協会が、一九二〇年代から一九三〇年代にかけて文部省に影響力を及ぼし、官民が一体となって音楽教育を推進していたことを明らかにしている。戦前の日本教育音楽協会の活動の意義について、上田は「軍部などの国家権力側の要求に対し、ホンネ＝音楽美の追求と、タテマエ＝皇国への従属とを使い分け、芸術教育を貫徹させようとした評価になろう」（*ibid.*: 199）と述べる。さらに、戦後についても事情は同じで、文部省と民間教育研究団体は戦前から戦後にかけて音楽教育の推進についていわば「共犯的関係」にあったと分析する。ただし、上田が分析対象とする時代は、唱歌教育から音楽教育へと変化していく段階であり、そこで活躍しているのは主に東京音楽学校出身者など、いわば「官」に近い音楽教師が中心であった。また、後に触れるように真篠も現場の教師の意見を参考にしているとするものの、ここでいわれている現場とはあくまで附属小学校など中央に近い人たちによる、理想の音楽教育がある程度約束された場所であった。

上田の研究に学びつつ、本章では学校現場をより広く捉えた上で、戦後音楽教育を官民の関係から考察する。そのため、「官製の音楽教育」を批判しながら「現場の音楽教育」について全国の教師が参加し、組織的かつ精力的に議論を深めていた民間教育研究団体として「音楽教育の会」を取り上げる。

「音楽教育の会」については、鈴木治が一連の研究（鈴木 1992; 2005; 2006）において「音楽教育の会」の代表的な音楽教育理論である「わらべうた教育」や「二本立て方式」に関する議論の過程や、園部が同会に及ぼした影響などについて、当事者へのインタビュー調査なども交えながら詳細に論じている。また、「音楽教育の会」の理論的指導者の一人であった丸山を取り上げた小山（2011）や、林が「音楽教育の会」と関わる中で構築していった音楽教育論について考察した本書第六章、そして「北海道音楽教育の会」で実践されていた二本立て方式の実態を明らかにした三村真弓ほか（2011）による研究があり、民間教育研究団体による音楽教育理論や具体的な音楽教育実践の実態を詳らかにしている。また、「音楽教育の会」も深く関わっていた教研集会での音楽分科会の活動については、四童子ほか（2010）及び四童子（2011）が教研集会の分科会の一つである音楽分科会で行われてきた議論の内容を概括している。以上のように文部省、民間教育研究団体のいずれかを取り上げた先行研究は多いものの、いずれもそれぞれの立場について個別に検討するものであり、相互の影響関係という点からの考察はほとんど見られない。

第八章が主題とする文部省と民間教育研究団体との影響関係については、四童子（2012; 2013）が当時の民間教育研究団体による「官製の音楽教育」への批判や文部省による音楽教育実践を比較検討しつつ、当時の音楽教育において特に「器楽領域」と「読譜」に課題意識の共通点があったことを指摘している（四童子 2012: 114）。両者の共通点に着目する視点は興味深く、またこれらの指摘自体は重要である。しかし四童子による先行研究では、「音楽教育の会」の言説を取り上げてはいるものの、同会あるいは文部省の側が互いの関係性についてどのように考えていたのか、その全体像を捉えることができておらず、両者の音楽教育理念にそもそもどのような共通性があったのかを踏まえた議論ができていない。

米沢と真篠の議論の中で話題となる音楽教育における「情操」を取り上げた研究として、河口（1991）、菅（1990; 2005）、木間（2008）などがある。河口は戦後音楽教育の目的が一九四七（昭和二二）年版の学習指導要領試案以来、戦前の徳目主義へと回帰する流れにあると捉えている。河口は、芸術教育としての音楽教育のあり方を支持する立場から、特に学習指導要領に対し批判的な立場を取っている。菅は、河口とは反対に戦後音楽教育をむしろ芸術的な面から捉え、肯定的に評価している。木間はこのような正反対の評価が可能となっている「情操」という目標のもつ曖昧さを批判しつつ、情操教育の根拠を西洋美学理論に求め、詳細に論じている。家永教科書裁判では、米沢と真篠が戦後音楽教育における「情操」という目標をめぐって議論する部分があり、これを読み解くことで、「情操」という目標のもつ曖昧さがどのようにして生み出されるに至ったのか、その内実に迫ることができると考えられる。

第八章では家永教科書裁判に至るまでの文部省及び「音楽教育の会」の動きを概観し、それぞれの論点を整理する。その後裁判における米沢及び真篠の証言記録をもとに、民間教育研究団体による「現場の音楽教育」[2]と文部省による「官製の音楽教育」の議論について、特に小学校学習指導要領・音楽編の目標観における両者の共通点及び戦前・戦後の音楽教育の連続性に注目し、その上で音楽教育の目標として用いられる「情操」という概念が、昭和四〇年代を通じて曖昧になる過程を明らかにする。[3]以上の考察を通じ、本章ではこれまでに様々な評価がなされてきた「情操」という目標に対し、新たな解釈を提示する。

一九六八年の小学校学習指導要領・音楽編の改訂とその要点

繰り返しとなるが、ここで改めて一九六八（昭和四三）年の小学校学習指導要領改訂までの流れ及びその要点を確認する。一九四七（昭和二二）年に「試案」として示された学習指導要領は、一九五一（昭和二六）年の改訂を経て、一九五八（昭和三三）年の改訂からは「試案」から「告示」となり、法的拘束力を強めていた。そして一九五八（昭和三三）年版の学習指導要領が実施されたころから、科学技術の進歩や経済発展により、国民の文化・生活水準が向上していた。しかしその一方で教育内容が複雑多岐にわたるようになり、さらに入試競争の激化により「人間形成の観点からも問題があるのではないか」（真篠将先生退官記念著作集編集委員会 1986: 63）という指摘がなされるようになる。

そうした状況のもと、各教科についての改訂案を一九六八（昭和四三）年六月一日付で全国の教育委員会及び新聞報道機関に発表する。そして関係部署からの意見提出を反映させ、「小学校学習指導要領」を公示した（真篠 1986: 120–121）。ここでは一九六八（昭和四三）年版の小学校学習指導要領・音楽編の中でも、特に本章のテーマに関係する「目標観の変化」と「基礎領域の追加」を取り上げる。

第四章で述べた通り真篠は一九六八（昭和四三）年版の目標について、音楽教育が人間形成において担うところを「美的情操」から広げ、全人的な成長をカバーしうるものとして捉え直すため、「情操」という目標へと変更されたと解説している。つまり、この改訂で「音楽的感覚」が「音楽性」になったのも、「美的情操」が「情操」となったのも、いずれも音楽科がより広い意味での人間性の向上につながるものであることを強調するためであった[4]。

「基礎」領域は一九六八（昭和四三）年の改訂から新たに追加された領域である。「基礎」領域は、内容の精選という改訂の方針に反する恐れがあるにもかかわらず、あえて設定したものであると真篠はいう（真篠 1968c: 37–38）。

「基礎」領域の追加について真篠は、それまでに実験学校や研究指定校などで行われた研究結果に加え、一九五八（昭和三三）年と一九六六（昭和四一）年に行われた全国学力調査の結果が「重要なよりどころ」（*ibid*.: 131）になっていると述べている。例えば一九五八（昭和三三）年の調査結果のまとめを見ると、音楽的感覚の必要性とともに「読譜・記譜力の向上に意を用いるべきこと」（文部省調査局調査課 1959: 80）と書かれている。そしてそのために必要な指導のあり方について次のようにまとめられている。

各学年の指導を系統的、発展的に構成し、展開しなければならない。また読譜・記譜力の育成という一面からだけのことを考えるのではなしに、広く鑑賞・表現の各領域の有機的、統合的な指導ということも同時に考えるべきであろう。(*ibid*.: 80)

こうした考察が一九六八(昭和四三)年版の小学校学習指導要領・音楽編に直接的に影響し、「基礎」領域が設定されることになった。

真篠は、「鑑賞」「歌唱」「器楽」「創作」という活動が音楽教育という織物の縦糸にあたる一方で、「基礎」は横糸にあたると説明しており(真篠 1968a: 130)、それぞれの学習活動において「リズム」「旋律」「和声」そして「音符や休符や記号などの理解」の四つの項目が関連しながら繰り返し学習されていくと述べている(*ibid*.: 130)。そしてこれらの項目を各学年で万遍なく学習できるように、それまで小学校二年生まで行なわれていた絵譜による指導を一年生までとし、二年生から五線譜を導入すること、三年生から五年生の間に行なっていた音符・休符・諸記号の取り扱いを二年生から六年生へと拡大している点を挙げる(真篠 1968b: 18–19)。

以上のように、家永教科書裁判が行われていた一九六〇年代後半、「調和と統一」といった理念のもと、文部省はそれまでの「美的情操」という目標から「情操」へと変更することによって、より広い見地から人間形成をめざすために、音楽科の目標観を大幅に変更した(5)。そしてその目標の達成に向け、教材の精選が必要とされていた中で、音楽教育において読譜能力などの育成のために基礎指導をあえて取り上げていた。以上これらの点を一九六八（昭和四三）年版の小学校学習指導要領・音楽編のもつ特徴として捉え、考察を進めていく。

山住・米沢による「官製の音楽教育」批判

「音楽教育の会」は「官製の音楽教育」に対し、特に学習指導要領で示される音楽教育の内容やそれにもとづく音楽教科書で扱われる教材が芸術音楽偏重であり、また芸術音楽を効率的に身につけさせようとするため、結果的に技術偏重に陥っていると批判的な態度を取るなど、文部省とは異なる音楽教育を構想していた。

文部省による「官製の音楽教育」に対し、「音楽教育の会」では、一九六八（昭和四三）年版の小学校学習指導要領・音楽編で示されていた「基礎」領域の具体的な指導方法として、わらべうたの音組織を用いた基礎指導に関する研究を行なっていた（鈴木 1992: 63）。こうした「音楽教育の会」の音楽教育には、カール・オルフやコダーイの音楽教育理論やそれらを紹介した園部及び山住の影響がある（*ibid*.: 67）。また具体的な音階理論としては、「わらべうたを出発点とする音楽教育」を構想していた小泉によるテトラコルドの理論（1958）が「音楽教育の会」の理論を後押ししていた(6)。

こうして「音楽教育の会」が考案した代表的な音楽教育理論が「わらべうたによる音楽教育」と、それをもとに展開された「二本立て方式」であった。日教組主催の教研集会では、一九五〇年代後半から一九六〇年代にかけ、「音楽教育の会」を中心にわらべうたによる教育を推進していた。そして園部や山住が理論的指導者となり、音楽教育の具体的実践としてわらべうたによる音楽教育や、歌唱活動を主とするA活動及びソルフェージュによる音楽の基礎を培うためのB活動で構想された「二本立て方式」を提唱した（園部・山住 1962）。これらの音楽教育理論は一九六〇年代の教研集会において中心的な研究テーマであった（日本教職員組合編 1969: 31）。山住や米沢は、こうした議論を背景として「官製の音楽教育」に対する批判を繰り広げていた。

山住や米沢は文部省による音楽教育に対し、「根本的な問題は、音楽指導で使用される教材にある」（山住・米沢 1965: 196）とし、教材の内容が子どもの実態に即していないと考えていた。そして音楽教育改革のための提案として、これまで芸術音楽の主流からはずれていた民族の音感を引き出し、発展させることをめざし、わらべうたの旋律構造に着目する。

山住や米沢は西洋由来の音楽で初等教育をはじめることで、「子どもの持つ音感とは異質のものを、無理やり押しつけようとするわけだから、子どもから背を向けられたのも当然であろう」（山住・米沢 1965: 211）とする。日本語とリズム、アクセントに関してもその独自性について述べ、音楽教育をするためにはわらべうたが最も適切であり、「わらべ唄を使えば、ことばと音符を自然に結びつけたリズム指導が可能である」（*ibid.*: 218）とする。

以上のように、「音楽教育の会」は当時の「官製の音楽教育」に対し批判的な態度を取っていた。その主な批判の対象は、学校音楽教育において用いられる文部省唱歌に代表される歌唱教材が、子どもにとって馴染みの薄いものであったこと、そして文部省唱歌以外に扱われる音楽が芸術音楽に偏っていたことであった。その代案として「音楽教育の会」が提案していたのが「わらべうたによる音楽教育」であり、さらにそこから発展して考案された音楽教育の方法論が「二本立て方式」であった。

米沢証言について——教科書批判及び「基礎」「情操」という共通点

一九六八（昭和四三）年一二月七日、米沢は東京地方裁判所民事第三部に原告側の証人として出廷している。主な証言内容は、音楽教育において学習指導要領や教科書検定といった制度がもたらす弊害についてであった（家永教科書訴訟弁護団 1998: 355）。

米沢はまず音楽教育の現場における具体的な問題について、子どもたちに音楽的な力がついていないと証言する。というのも、学習指導要領の拘束性によって現場はやりにくくなっているからであり、一九五八（昭和三三）年版の小学校学習指導要領・音楽編に対し、学習内容や学ぶべき楽器が多すぎた、とその問題点を指摘している（教科書検定訴訟を支援する全国連絡会 1969: 276）。米沢は戦後の教科書に《カナリヤ》や《赤とんぼ》などの童謡が掲載されているのを見たときには感動したと振り返る（*ibid.*: 287）。その一方で、いざ自分が音楽を教えてみると、譜面を読ませたり、音感の訓練をさせたりと、技術の訓練に終始する傾向にあった。これに対し米沢は「音楽を教えるということが音楽の技術の面を強調して教えるというふうにすりかえて考えてしまった」（*ibid.*）と捉えるようになっていく[7]。こうした問題意識のもとで米沢は、音楽教育が戦前から一新されたように見えるが、戦後の音楽教育は結局のところ技術偏重に陥ってしまったと述懐している（*ibid.*: 288）。そして米沢は「音楽教育の会」の活動で専門家と協力し、研究を続けるなかで、子ども達が一番いきいきと歌う音楽がわらべうたであるということに気づいたと述べる（*ibid.*: 290）[8]。

文部省はこうした民間教育研究団体の成果を積極的に吸い上げているのか、という原告代理人の問いかけに対し、米沢は附属小の教員や教育委員会の指導主事や大学教員などを中心とする学習指導要領改訂の委員[9]を見ても、積極的な意図はないように思えると述べる。しかしその一方で自分たちの言っていることが大学教員の見解に反映されるなどして、間接的に文部省にはねかえっていくことはあると米沢は指摘している。例えば、「音楽教育の会」の提唱する「二本立て方式」と一九六八（昭和四三）年版の小学校学習指導要領・音楽編における「基礎」の重視もその一つのあらわれと米沢は見ていた（*ibid.*: 294–295）。

そして学習指導要領や教科書検定の問題点について、米沢は次の五点、すなわち①「音楽観の幅が非常に狭いこと」、②「音楽教育観に非常に問題があること」、③「学問研究の成果を尊重しないこと」、④「共通教材」、そして⑤「音楽教科書のあり方」を挙げ、「官製の音楽教育」を批判している（*ibid.*）。

結局のところ、文部行政や教科書制度等のあり方について、米沢は専門家の知見を結集した上で教育の内容を決めて欲しいと願っていた。例えば、文部省が目標を改訂するにあたり「美的情操」を「情操」という言葉に変えた。しかし、米沢からすると、園部が以前より音楽教育は「美的情操」を養うのに効果があるが、決して他の「情操」とも無関係ではないと言っていたという事実があり、[10] 真篠もこれと全く同じ表現を使っていると米沢は指摘する。つまり、専門家を多く擁する「音楽教育の会」などの意見も間接的には反映されているように見えるが、もっと直接的に「音楽教育の会」の意見を反映させるべきであると米沢は考えていた（*ibid.*: 306）。

さて、ここまで米沢の主張を見てきたが、この後、裁判は米沢に対する反対尋問という形で続いていく。まず、戦前といえども音楽教育が単に徳性の涵養のみを目的にしていたと考えるのはどうなのかと問われ、次に唱歌教育が子どもに苦痛をあたえていたという見解や、戦後の音楽教育が技術偏重であったという意見も誇張にすぎるのではという反論がなされた。これに対し米沢は確かに全てがそうではない、とやや弱気な返答をしている（*ibid.*: 313–317）。

ここでは米沢の証言に関して二つの点に注目したい。一つ目は、「基礎」領域の追加、そして「情操」という目標観については文部省も「音楽教育の会」も同じ方向を向いており、共通の認識を有していたという点である。[11] 二つ目は、「音楽教育の会」が文部省を批判しようと試みるとともに、反対尋問においては「音楽教育の会」の考えが逆に批判されていたという点である。特に戦前の音楽教育が「徳性の涵養」のみを重視していたという意見、そして戦後音楽教育が戦前から一新されたものの、結局は技術偏重に陥っていたという主張に対する反対尋問に、米沢はうまく答えられなかった。この点は、「音楽教育の会」による「官製の音楽教育」への批判が細部にとどまっており、この裁判においては十分な批判ではなかったことを示しているといえるだろう。

真篠証言について——戦前・戦後の音楽教育の連続性に着目して

米沢の証言から二年以上経った一九七一（昭和四六）年三月二六日、東京地方裁判所民事第三部にて真篠への尋問が行われた。真篠の証言は、米沢の証言に対し「音楽教育と指導要領の必要適切性」（家永教科書訴訟弁護団編 1998: 354）を訴えるものであった。

学習指導要領は、まず学習指導要領作成協力者会議において原案が作成され、次に各方面から意見を聴取した上で、内容について審議が行われる。そして中間案が各都道府県の教育委員会や文部省の機関紙に発表された後、さらに各方面からの参考意見が集約される。こうした入念な手続きを経て作成される学習指導要領を、真篠は「教育関係者の英知を結集して作成されたもの」（教科書検定訴訟を支援する全国連絡会 1972: 271）と評価している。

学習指導要領の構成については、どの学年にも共通の音楽科全体としての指導計画の作成と、各学年にわたる内容の取り扱いが記載されているものの、「教育現場での実態に即した先生方の創意工夫の余地が十分に残されている」(*ibid.*: 273) と真篠は述べている。

裁判において、戦前の唱歌教育の目標と戦後の音楽教育の目標との比較について問われた真篠は、戦前の音楽（唱歌）教育に関わる目標を紹介した上で、戦前においては「美的情操」に加え、「道徳的情操」が担うところの徳性を育てることも目標とされてきたとする (*ibid.*: 274)。真篠は、戦後の音楽科は音楽教育によって担うべき目標を明確にしたと位置付けた上で次のように述べる。

> 戦後、つまり学習指導要領になりましてからの音楽科の目標は、要するに、音楽性をつちかうこと、情操を高めること、豊かな創造性を養うこと、ということで貫かれているといっていいと思います。
> (*ibid.*: 275)

真篠によれば、本来音楽教育が担うべき目標は「音楽性」、「情操」、そして「創造性」なのである。しかし、戦前と戦後を比較し、戦前は音楽を手段として仁義忠孝などの精神教育を行なっていたのではないか、という米沢の意見についての考えを問われると、真篠はそういう面があることを認めつつ、次のような見解を示している。

> 戦前の唱歌科の目標にも実は先程、申しましたように、音楽の美を弁知せしめとか、美感を養いとか、音楽を鑑賞する能力を養いなどとございましたから、音楽の美しさを求め、音楽の美しさを表

現するという、いわば音楽性とか、情操の教育は、戦前にもくろまれていたわけで、私はけっして、仁義忠孝の道を教える手段としてだけの唱歌教育であったとか、あるいは道徳教育の手段としてだけの唱歌教育だったというようにいい切ってしまうことには賛成しかねるのでございます。

(*ibid*.: 275)

つまり、戦前の唱歌教育を仁義忠孝や忠君愛国思想を教え込むことのみをめざす教科として扱うのは、戦前の音楽教育を矮小化して捉えている、と真篠は反論しているのである(*ibid*.: 276)。また、戦前と戦後の音楽教育との間に理念的な区別があるのか、それとも戦前戦後と一貫して同じなのかと問われ、真篠は「理念としては、かわらないと思います」(*ibid*.: 289)と答える。続いて「徳性の涵養」は戦後の音楽教育の理念には含まれないのかと問われ、直接的な目標ではないと答える。間接的な理念であるということか、とさらに問われると真篠は次のように答えている。

間接的には音楽教育といえども人間教育です。人間形成の中では道徳的な情操を高めるということは、大切な部分でございますが、そういう意味では関連性はあると。こう考えます。

(*ibid*.: 290)

真篠は音楽教育が教育である以上、戦後の音楽教育においても、道徳的な心情を育てることから逃れることはできないと考えている。結局のところ、真篠は「官製の音楽教育」を批判する側は、戦前の音楽教育を「徳性の涵養」（及び「国民性の育成」[12]）に重きを置いていたと捉えているのである。真篠は音楽教育における情操教育のはらむ二つの側面、すなわち「道徳的情操」と「美的情操」に対し、戦前・戦後、いずれの時代においても両者が存在しているが、あくまで重心の置き方が時代によって変わっていると捉えている。この発言で真篠は、音楽教育が情操教育において二つの側面、つまり「道徳的情操」と「美的情操」を常にはらんでいるということを認めている。言い換えるなら、真篠は戦前・戦後の音楽教育に情操教育の点で連続性があるということを認めていることになるといえるだろう[13]。

戦後音楽教育史における両証言の意義

家永教科書裁判の全体像からすると、音楽科に関する証言にはそれほど重きは置かれていないかもしれない。しかし、こと戦後音楽教育という視点から捉え直すならば、彼らの証言に新たな意義を見出すことができる。

昭和四〇年代において、「音楽教育の会」と文部省とは互いに影響関係にあった。しかし、その関係性は単に「音楽教育の会」が文部省を批判するという一方的な関係にとどまらない。両者には「基礎」、「情操」といった面において共通する部分があった。さらにこの裁判では「音楽教育の会」からの批判に応じる形で、戦前・戦後の音楽教育は情操教育の点で連続していることを、「官製の音楽教育」の側に属する真篠が認めるという機会にもなっていた。

これまでに示した通り、一九六八（昭和四三）年版の小学校学習指導要領・音楽編において、音楽科の目標は「調和と統一」のとれた人間を形成するため、それまでの「美的情操」から「情操」へと変更された。そうすることによって、それまでの「官製の音楽教育」で批判されてきた「音楽美＝芸術音楽」への傾倒や、さらにはそこから派生する技術偏重といった問題を解決しようとしたと考えることができる。

しかし、「情操」というより広い目標となることで、この目標は道徳的な目標やそこから想起される戦前の「徳性の涵養」といったものも含みうる状況になってしまった。米沢が裁判で戦前の音楽教育を「徳性の涵養」であると主張し、それに対し真篠が明確に反論できなかったという事実もまた、情操教育としての音楽教育がより広い範囲を含むものになったということを示していると言える。つまり、音楽科の目標が「情操」へと広げられることで、その対象は広範囲になる一方で、より曖昧な存在へと変わっていったともいえるだろう。家永教科書裁判における米沢及び真篠の証言を取り上げて考察することにより、現在も音楽教育に残る「情操」という概念のもつ曖昧さが、昭和四〇年代の「音楽教育の会」を中心とする現場の側と文部省の双方が求めた結果生み出されたものだったということが明らかとなった。

戦前・戦後の音楽教育を考える際には、どうしても音楽教育のどちらかの側面――徳目や道徳教育を教えこむ教育に傾いていたか、あるいは芸術美を重視していたのか――に注目し、そこから音楽教育史を一面的に描き出そうとする傾向が見られる。またそれに伴い、官と民とを二項対立の図式で理解しようとする向きもある。しかし、「音楽教育の会」のような民間教育研究団体であれ、文部省による「官製の音楽教育」であれ、結局のところ音楽教育においてどこに軸足を置き、何を重視しているのかについては時代や立場によって違いがあるに過ぎない。音楽教育は戦前・戦後を通じて芸術教育、道徳教育の双方が互いに影響し、時にその濃淡を変えながら発展してきたのである。

註

（1）「音楽教育の会」結成の経緯については第七章註（5）を参照。
（2）ただし、ここでいう「現場」は、あくまで米沢が所属していた「音楽教育の会」に所属する教師たちが中心であるということに留意しておく必要がある。つまり、真篠のいう「現場」が限られた範囲を示しているのと同様に、ここでいう「現場」もまた限られた範囲のことを意味しており、この点は本書の限界の一つを示している。
（3）真篠及び米沢がそれぞれの立場を代表して証言しているものの、二人の意見が文部省及び「音楽教育の会」の意見とそのまま重なるわけではないことには十分留意しておく必要がある。しかし、裁判という場でそれぞれの組織を代表する立場で出廷している以上、個人的な意見が時にはあるとしても、大筋としては真篠、米沢の両者はそれぞれの組織の意見を表明しているものとして捉えた上で本章では考察を進めていく。なお、明らかに個人的な意見であると考えられる場合にはその都度注釈を加えていく。

（4）音楽科の目標観が変更されたことについて、一九六八（昭和四三）年版の学習指導要領の「総則」との関連性を指摘することができるだろう。「総則」の「教育課程一般」では次のように書かれている。「学校においては、法令及びこの章以下に示すところに従い、児童の人間として調和のとれた育成を目ざし地域や学校の実態及び児童の心身の発達段階と特性をじゅうぶん考慮して、適切な教育課程を編成するものとする」。この学習指導要領では、ここに書かれている「調和」に加え「統一」が人間形成の上で大きなテーマの一つとなっていた。音楽科もこうした目標に準ずる形で、より全人的な成長をめざせるように、「美的情操」から「情操」という目標へと変更された。

（5）一九六六（昭和四一）年に出された答申「後期中等教育の拡充整備について」に別記として添えられている「期待される人間像」では、「情操」という文言自体はないが、「個人として」「家庭人として」「社会人として」「国民として」といった観点から愛国心や遵法精神を育成することが強調されていた。こうした流れを受け、一九六〇年代になると、各地の小学校で情操教育を研究テーマとする学校が見られるようになった（本書第四章）。

（6）以上、「音楽教育の会」の音楽教育理論の背景については鈴木（2006）を参照した。

（7）戦後音楽教育における技術偏重の問題については、園部が一九五五（昭和三〇）年以降、教研集会などで話題に挙げており、米沢の発言も園部を発端とする当時の議論を踏まえたものと考えられる。なお、園部による技術偏重をめぐる議論については鈴木（1992; 2005）や本書第五章を参照。

（8）ただしこの当時の「音楽教育の会」では、必要以上にわらべうたに依存するような風潮を不安視する声もあった。したがって、この当時の「音楽教育の会」がわらべうたによる音楽教育を重視していたことは事実であるものの、「音楽教育の会」の内部でも当時から様々な意見があり、米沢の発言は同会における意見の一つであることに留意しておきたい。なお、この間の経緯については鈴木（1992）が詳細に論じている。

（9）一九六八（昭和四三）年版の小学校学習指導要領・音楽編作成に関わった協力者の詳細については真篠（1986: 121）を参照。

（10）園部の美的情操批判については本書第五章を参照のこと。

（11）一九六〇年代当時は文部省及び「音楽教育の会」の双方が系統性や基礎を重視していた点について、菅は「官民ともに音楽内容の系統的な組織化を行い、それによって子ども一人ひとりの段階に即した指導（学習）法を提示しながら「確かな学習」による音楽的能力＝「学力」の獲得を追求した時代であった」（菅 2006: 227）と述べ、当時の音楽教育に対し共通の問題意識を有していたことを指摘している。

（12）米沢は、一九五八（昭和三三）年版の小学校学習指導要領・音楽編では、教材曲を「愛好曲」として決めたとしていたが、その後一九六八（昭和四三）年の説明では「国民性を育成する上に適切な教材として」と変更され、「音楽教育の目標は「国民性の育成」というふうにすりかえられてしまった」（教科書検定訴訟を支援する全国連絡会 1969: 282）と批判している。

（13）音楽教育における戦前・戦後の連続性については、山本（1999b）による芸能科音楽の指導書の分析を中心とする詳細な研究がある。山本は芸能科音楽における指導書の教材分析を通じ、芸術音楽を標榜する戦後音楽教育のルーツを芸能科音楽に見出している。本章では、山本の研究を参照しつつ、教材ではなく「情操」という音楽教育の理念面から戦前・戦後の音楽教育の連続性に着目している。

補章　一九六〇年代の音楽のおけいこブーム

親と専門家との間に見られる音楽教育観のギャップ

校門の「外」で行われる音楽教育

一九六〇年代は、高度経済成長とともに教育熱が高まり、家庭教育の必要性が重要視されはじめた時代であった。家庭で求められた教育は、勉強に関することだけでなく、スポーツや音楽を含む芸術分野にもまたがるようになっていた。また、一九六〇年代の親世代は中学校卒業が多い一方で、子ども世代は高等学校卒業の割合が向上していくという時期にあたる（桜井 2002: 72）。この時期の親たちは、その多くが自分の子どもにはしっかりとした教育を受けさせたいという思いを抱き始めた世代であった（広田 1999）。

こうした時代の要請に応える形で、オルガンやピアノを中心とした楽器販売と音楽教育をセットにした経営戦略により、楽器メーカーが民間の音楽教室の運営を展開し始める。井上さつき（2020）や田中智晃（2021）が指摘するように、この時期の学校教育と民間の音楽教室の関係に注目すると、一九五八（昭和三三）年版の学習指導要領において、小学校一年生の児童が音楽の授業でオルガンを弾くことが定められ、それ以降民間の音楽教室の生徒数は増加の一途を辿ることになった。

一九六〇年代には、新聞や雑誌などの一部で「おけいこブーム[1]」と呼ばれる、子どもをおけいこに通わせることが流行となっていた時代が到来した。その渦中にあった親たちは、次第に民間の音楽教室に子どもを通わせるための積極的な意味を探し求め始めた。実際に、一九六〇年代の雑誌や書籍を見ると、音楽教育に関する親の思いや悩みが紹介され、それに対し音楽教育の専門家が答えるというコーナーが散見されるようになる。親と専門家による相談のやりとりからは、音楽教育に対する不安や疑問を抱いている親に向けて専門家が音楽教育のあるべき姿について答える、という一定の関係性を見出すことができる。そのため、雑誌や書籍の中で行われた音楽教育に関する相談は、この当時の親と専門家の音楽教育観について検討する上で興味深い資料となっている。

これまで音楽教育学の分野では、河口（1991）や菅（1990; 2005）らの研究に代表されるように、主に「情操教育としての音楽教育」といった観点から、文部省による学習指導要領の内容を検討することが中心となってきた。その一方で、本多佐保美ら（2015）は、国民学校時代に教師として音楽を教えていた人や、音楽の授業を受けていた人たちへ実施したインタビューやアンケート調査の分析を通して、文部省や研究者、公権力といった立場からではなく、「下からの視点」（本多 2015:

8）により音楽教育の歴史を捉え直している。また、民間の教育研究団体である「音楽教育の会」の活動や、その周辺で活発に活動していた音楽評論家の園部や作曲家の林の活動に注目し、学校現場の教師たちの音楽教育観を明らかにした一連の研究（本書第五章、第六章および第八章）があり、文部省と現場それぞれが音楽教育をどのように捉えていたのかに関する研究についても一定の蓄積がある。しかし、これらの研究はあくまで学校教育を中心としたものであり、当時の家庭や民間の音楽教室といった、いわゆる校門の「外」で行われている音楽教育の実態を中心的に取り上げた研究は少ない。

門奈由子（2007）は、スズキ・メソードとヤマハ音楽教室を取り上げ、民間の音楽教室の音楽教育の具体的な内容やその特徴について論じている。戦後日本の音楽教育において、学校以外の場に注目したこと、そしてこれら民間の音楽教室が家庭での音楽教育を重視していたという指摘は重要である。しかし、門奈の研究では、あくまで具体的な音楽教育の内容を取り上げるにとどまっており、当時の社会背景、つまり音楽を含む「おけいこブーム」を踏まえた上で議論を展開することには至っていない。そのため、戦後日本の音楽教育史の中に、民間の音楽教室で行われていた音楽教育をどのように位置付けることができるのかが明確にされているとは言い難い。

そこで、この補章では一九六〇年代に流行した、いわゆる西洋の芸術音楽を中心とする音楽のおけいこブームの背景を踏まえつつ、子どもを音楽のおけいこに通わせる親と、音楽教育に関する専門家、両者の音楽教育に対する考え方のギャップに注目し、それぞれが音楽教育をどのように捉えていたのかを明らかにする。また、以上の考察を通じ、これまで中心的に論及されてきた学校教育における音楽教育から視野を広げ、家庭教育や民間の音楽教室の観点から一九六〇年代の音楽教育観の一側面を明らかにしたい。

一九六〇年代の家庭教育と音楽のおけいこブーム

まずは一九六〇年代の家庭教育ブームを概観した上で、新聞や雑誌の記事を取り上げながら、当時のおけいこブームの実態を概観していく。

広田照幸（1999）は、一九五〇年代半ばにはすでに塾やおけいこなどが過剰になっていた状況を取り上げ、この時期には家庭での教育やしつけについてもっと積極的になるべき、という論調が出てきていたことを指摘している。また、一九六〇年代には「教育ママ」が流行語になるなど、高度経済成長期以降、あらゆる階層の家族において、父親は外で働き、母親は主婦として家で夫と子どもを支え、子どもは「母親という専属の子育て担当者の庇護のもと、手塩にかけて育てられ、成長していく」（鈴木 2002: 105）、といった「教育する家族」（鈴木 2002）[2]としてのあり方が広がっていった。高度経済成長期の後半にあたる一九六〇年代半ばに起こっていたこととは、「あらゆる階層が学歴主義的競争に巻き込まれながら、「家庭の教育力」を自覚させられる過程」（広田 1999: 11）であったと広田は述べる。こうした状況のもと、おけいこはブームとなり、民間の音楽教室がその一端を担うことになる。

この時期に登場した「教育ママ」の特徴として、本田由紀（2000）は次の四点を挙げる。一点目は「社会の中の限られた一部の母親ではなく、広く日常的に観察されるようになったこと」、二点目は「「人格形成」「全人教育」ではなく、主に学校教育に関連する面での子どもの達成（学業成績、有名校への進学など）に特化していたこと」、三点目は「学校教育関連の達成に対する戦後「教育ママ」の固執が、彼女たち自身が家庭で子どもに教育を施すよりも、学校や塾、家庭教師など家庭外の教育機関への強い関与ないし依存、あるいは越境入学やツケ届けなど教育外の即物的手段の行使という形で表れたこと」、四点目が「彼女たちの最終手段が、子どもを成功裡に企業社会に参入させることであったこと」である（本田 2000: 162–163）。本田は「教育ママ」を以上のように特徴づけた上で、当時の雑誌記事などには楽器などのおけいこに関する記述もあるものの、彼女たちの関心はあくまで学業にあるとする。

本田の研究は、「教育ママ」という言葉が生み出された社会的な原因や背景を、客観的なデータに基づいて論証することを目的としているため、おけいこごとについて詳しく分析をしているわけではない。しかし、本章の関心に引きつけて考えるなら、おそらく音楽に関するおけいこに対しても、本田が指摘したようなこと、すなわち全人教育や人格形成というよりも、むしろ学業のために家庭外の教育機関を利用し、望ましい企業社会に参入させることを親たちは求めていたといえるのではないか。後に述べるように、親と専門家との間に見られる音楽教育観に対するギャップ、あるいはねじれのようなものも、そこに原因があると考えられる。
では、この当時の音楽のおけいこブームとは実際にどのような状況にあったのだろうか。文部省が行なった調査（1966）によれば、一九六四（昭和三九）年度の家庭教育費は、一九五五（昭和三〇）年度と比較して約四・六倍となっている。また家庭教育費の中でも、特に教養に関する費用が増えていた。その理由について文部省は、「特に最近、こどもにピアノやオルガン等を習わせたり、これらの楽器を購入する家庭が急速にふえていることによるものと考えられる」（文部省 1966: 72）と見解を述べている。家庭における教育費という点から見ても、一九六〇年代は音楽を含むおけいこごとがブームとなっていた[3]。

当時の情報媒体は音楽のおけいこブームをどのように取り上げていたのだろうか。新聞記事や雑誌記事を見ると、すでに一九五〇年代から音楽のおけいこごとに関する記事が掲載されている。たとえば一九五四（昭和二九）年には、『読売新聞』で、音楽の場合は家庭で早くから練習させることで、技能が目立って上達するが、素質を顧みずにただ親が子どもに強制するべきではなく、子どもの得意な教科を見極めて、その力を伸ばすことが大事である、という専門家の意見を紹介している（『読売新聞』1954.9.29 朝刊 : 5)。

一九六〇年代になっても、おけいこに対し、親の態度が行き過ぎることのないようにという内容の記事が見られる。『読売新聞』では一九六二（昭和三七）年に「子どもの音感をのばすには」という見出しで、音楽のおけいこに対して以下のように述べている。

子どものうちは芸術家をつくることではなく、あくまでも子どもの中にある表現能力を見つけ出し、それをできるだけスムーズに伸ばしてやることを考えてください。たとえば、うれしいときはおかあさんがいっしょに歌ってやればどんなに子どもは喜ぶでしょう。これが音楽教育のいちばん大切な出発点なのです。逆に親の〝みえ〟とか期待過剰からけいこを無理じいしたり、おとなのメロディーを押しつけるのはせっかく伸びた音楽性の芽をつんでしまいマイナスになりかねません。

（『読売新聞』1962.3.30: 9）

この記事でも、早くから専門家を育てることにこだわることのないように、という意見とともに、親の過剰な期待や押しつけ、あるいは親の見栄などに捉われないようにと当時の親に対する意見が紹介されている。

また、一九六四（昭和三九）年の『児童心理』八月号では、東京学芸大学附属竹早小学校教諭の渡辺茂が、おけいこごとは、「子どもの遊びの一つとして音楽経験をより豊かにしていくため」（渡辺 1964: 106）に行われるべきで、「単に技術を向上させることだけでもないし、音楽の鑑賞的な訓練の場のみでもない。ましてや〝ひまつぶし〟や〝親のみえ〟や〝単なる流行にのって〟などとはもってのほかのこと」（渡辺 1964: 106）と続ける。

『毎日新聞』で一九六四（昭和三九）年に掲載された「団地っ子のおけいこ」という記事は、当時教育熱心だった団地に住む世帯の子どもたちのおけいこ事情についてまとめている。団地に住み、子どもをおけいこに通わせている母親は、次のように自身の心情を吐露している。

私が子供のころは戦争で何もできなかったものですから、せめてこの子には大人になってからも楽しめるものを身につけてやりたいと思いまして……。たとえ専門家にならなくとも音楽を聞く耳ができ、絵がわかるようになればよいと思っています。いくつも習わせているのは、子供の才能がどの方面に伸びるかわかりませんので、後に悔いを残さないためです。

(『毎日新聞』1964.12.14: 7)

この意見は、まさに先に述べた世代間の教育格差を実感していた親の状況を表しているといえるだろう。また、この記事の最後には、「教育への情熱も自分の子供の学業成績に直接関係する場合だけに限られており、学力ではない〝なにか〟を求めることには向かっていかない」(『毎日新聞』1964.12.14: 7)という当時の教師の言葉が紹介されている。この教師は、すでにこの当時から親と民間の音楽教室、あるいは親と学校の教師との間に音楽教育観に関してギャップがあったことを感じていた。

『読売新聞』では一九六五(昭和四〇)年に「幼児のおけいこごと」というタイトルの記事があり、専門家たちが音楽のおけいこブームについて意見を述べている。たとえば、児童心理学者の波多野勤子は、「おかあさんのレクリエーションではだめだし、まして、子ども中心の押しつけ教育では、子どもは単なる〝オルガンひき〟にしかならない」（『読売新聞』1965.4.12: 3）と、従来のようにおけいこが親の強制になってはいけないと注意を促している。民族音楽学者の小泉も、「幼小児の音楽教室がこんなにさかんなのは日本だけで、これはテレビや自動車の普及と同じことだ。いわば音楽の消費文化ともいうべきもので、これで音楽が質的に向上したと考えたら大間違いだ」（『読売新聞』1965.4.12: 3）と述べ、民間の音楽教室の流行はレジャー・ブームのひとつのあらわれだとしており、当時の音楽のおけいこごとを否定的に捉えている。その一方で、児童文学者の藤田圭雄による「子どものころ何か一つおけいこごとを習っておくと、大きくなってから芸ごとがラクにこなせるようになる」（『読売新聞』1965.4.12: 3）という意見や、学習院初等科教諭の安田良一の「子どもが好きで、先生も向いているというならやらせてもいい。ただやり出したことはなんとか続ける方向に持ってゆくことが大事だ」（『読売新聞』1965.4.12: 3）という意見を掲載するなど、この記事ではおけいこごとの効用についても触れている[4]。

一九六〇年代当時の音楽のおけいこブームに見られる親の態度の特徴として、音楽教育学者の鈴木重は次の二点を指摘している。一点目は、特にピアノのおけいこについては、ピアノ教師と子どもという関係に加え、親と子どもの関係が介入しており、親は自分ができなかったことをせめて子どもには経験させてやりたい、という期待を子どもに抱くことが多いという点であり、二点目は、特に女子がピアノを習うことが、従来の三味線や箏と同様、花嫁修行の一種になっており、音楽技術の習得よりも、「非常に厳しい修行の中で徐徐に形成される「忍耐力」「忍従」という婦徳の養成こそが、目的になっている」（鈴木 1965: 99）という点である。[5]

ここまで一九六〇年代前後の雑誌や新聞の記事を中心に取り上げ、音楽のおけいこブームがどのように論じられてきたのかを見てきた。この時期には、音楽を含むおけいこがブームになっていた。また、音楽のおけいこブームについて語られる際、その対象は親のおけいこに対する態度が中心であった。当時の親世代は、戦争を経験し、自身が満足な教育を受けられなかったと感じていた世代であった。中には、子どもたちに何かを残してあげたいという純粋な思いでおけいこに通わせている親もいた。しかし、どのような動機にせよ、おけいこに関しては、親が子どもの気持ちを無視したり、子どもに対して過度の期待を抱き、強制的に通わせたりするべきではなく、親の理解が重要という論調は専門家の間で一貫していた。[6]

民間の音楽教室のルーツとその広がり

次に、一九六〇年代の音楽のおけいこブームを担う場となった民間の音楽教室の興隆を概観するとともに、そこに見られる音楽教育の特徴を明らかにしていく。

音楽の早期教育については、久保絵里麻（2014）が指摘しているように、すでに一九一〇年代ころから音楽教育学者の山本正夫による論考や海外の論文の翻訳などを通じて、音楽の天才を育てるための教育方法として取り上げられている。また、伊藤由紀（2011）によれば、「天才」に関する記事は一九〇〇年代から新聞で見かけられるようになっていた。なお、当初の「天才」論は、「一握りの超越的人材が社会全体を導いていくことを期待するもの」（伊藤 2011: 216）が多かった。しかし一九三〇年代になると、「親の意向によって幼いうちから特定分野の専門教育を受け、高名な指導者のもとで高い技術を身につけた少年少女」（*ibid.*: 222）である「早教育型」の天才に関する記事が増え始めていることを伊藤は指摘している。さらに、その後「天才」は、主に芸術音楽を幼い頃から学び、早い段階からその才能を示す少年少女のことを指すようになったとされる。

　音楽の早期教育に関する議論で重要なことについて、久保は次の二点を挙げる。一点目は、この時期からすでに「音楽は耳から」とする考え方が音楽教育関係者によって翻訳され、日本に紹介されており、口伝により耳から音楽を覚えることが多かった日本では受け入れられやすかったこと、二点目は、こうした音楽教育が幼児期、つまり就学前から行われるべきものと考えられていたことである（久保 2014: 119）。

　民間の音楽教室のルーツとして、日本で最初に音感教育を組織的に行なったのが、園田清秀や羽仁もと子および羽仁説子が中心となり、一九三五（昭和一〇）年から一九三八（昭和一三）年まで自由学園で行われた「絶対音音楽早教育実験教室」である。この実験教室では、幼児期から発達段階に合わせた音楽教育を子どもに行うことで、音に対する感覚を養うことを目的としていた。この実験教室には、作曲家の山本直純、三善晃、林光や幼児教育家の羽仁協子、指揮者の久山恵子などが在籍していた（渕田 2012: 11）[7]。

自由学園で一時期指揮法を教えていた指揮者の斎藤秀雄もまた、音楽の早期教育の必要性を感じていた。斎藤は、「プロの音楽家が必要とする最低条件（最高ではない）を、すべての生徒に体得させていく」（寺西 1985: 31）という哲学のもと、ピアニストの井口基成、声楽家の伊藤武雄、音楽評論家の吉田秀和とともに、一九四八（昭和二三）年に「子供のための音楽教室」を創設する。(8) 以上、戦前から戦後にかけて、民間の音楽教室において音楽の早期教育に関する実践が日本で始まっていた。

これらの民間の音楽教室をルーツとしつつ、全国的な展開を見せたのが鈴木鎮一による才能教育研究会である。鈴木は、音楽教育が母国語の教育と同じように行われるべきであると考え、音楽的な環境や早期教育、より多い訓練、正しい指導方法を重視することで、あらゆる子どもが音楽を演奏できるようになると考えていた。こうした理念のもとで考案されたのがスズキ・メソードである。ヴァイオリニストとして活動していた鈴木は、一九四六（昭和二一）年から長野県松本市で才能教育運動を始め、一九四九（昭和二四）年までには東京、長野、名古屋を中心に教室を展開し、一九五一（昭和二六）年には「社団法人才能教育研究会」を設立する。一九六四（昭和三九）年にはスズキ・メソードによる音楽教育を受けた子どもたち、いわゆる「スズキ・チルドレン」がアメリカで演奏したことが話題となり、その後、アメリカ、カナダなどでもスズキ・メソードによる音楽教室が盛んとなった。

幼児に対する民間の音楽教室をさらに一般に広く普及させることに成功したのが、ヤマハ音楽教室とカワイ音楽教室である。ヤマハ音楽教室は山葉寅楠によって一八九七（明治三〇）年に設立された日本楽器製造株式会社がルーツとなっている。当初はオルガンを製造していたが、後にアップライトピアノやグランドピアノの製造を開始した。戦後になり、当時の社長だった川上源一は、ただ楽器を製造するだけでなく、楽器の扱い方を教えることで、楽器に触れる人の裾野を広げようとした。そうして一九五四（昭和二九）年、川上は東京で「ヤマハ音楽実験教室」をスタートさせる。「ヤマハ音楽実験教室」では、音楽教育の基礎は早期教育にあるという理念のもと、集団レッスンを主体とする方法でカリキュラムが作成された。一九五六（昭和三一）年には「ヤマハ音楽実験教室」はヤマハオルガン教室へ、そして一九五九（昭和三四）年にはヤマハ音楽教室へと名前を改め、一九六六（昭和四一）年には「財団法人ヤマハ音楽教室」が設立される。西野勝明が、日本楽器東京支店の課長だった金原善徳に行なったインタビューによれば、「ヤマハ音楽実験教室」をはじめるにあたり、金原は松本市の才能教育研究会を訪問調査したと述べており、ヤマハ音楽教室は、才能教育研究会の教育方法を参考にしていた（西野 2015: 38）[9]。

日本楽器製造出身の河合小市が一九二七（昭和二）年に設立したカワイ楽器研究所も、ヤマハ音楽教室に続いて、一九五六（昭和三一）年にカワイ音楽教室を創設する。当初は個人レッスンが中心だったが、一九六一（昭和三六）年に音楽教室本部が設置され、グループ・レッスンや、音楽教育の方法について研究がなされた（木村 1993: 220–222）[10]。一九六四（昭和三九）年には、ヤマハ音楽教室、カワイ音楽教室、どちらも生徒数が二〇万人を超えるなど[11]、民間の音楽教室を中心とする音楽のおけいこブームは全国的な広がりを見せていた[12]。

以上の議論を踏まえ、日本における早期教育の歴史についておよそ次のようにまとめることができるだろう。一九〇〇年代から、何らかの才能に秀でた天才の少年少女を育てるためには、早期から教育を施すことが必須であるとされ、こうした早期教育の考えは日本でも一九〇〇年代から見られるようになった。一九一〇年代には特に音楽の分野で早期教育の有効性がいわれ始めるようになる。そこでは、楽器の演奏などではなく、音楽を聴く能力、すなわち「耳の教育」が重視されることになる。この「耳の教育」が、一九三〇年代の音感教育へと結実する。音感教育にも関係があった鈴木は、幼児が言語を自然と学ぶように、音楽もまた早期から教育することで、あらゆる子どもが音楽を演奏できるようになる、という信念のもと、スズキ・メソードを開発する。その後一九六〇年代には、ヤマハ音楽教室やカワイ音楽教室といった民間の音楽教室が、音楽の早期教育を広く担うこととなった[13]。

民間の音楽教室の特徴――音楽教育観および家庭教育、学校教育との関係

では、民間の音楽教室の特徴とはどのようなものだったのか。特に民間の音楽教室の音楽教育観やグループ・レッスンおよび家庭教育の重視、あるいは学校教育との関係性に注目してみよう。まずは民間の音楽教室の音楽教育観の具体例について、一九六七（昭和四二）年にカワイ音楽教室本

部が出版した『音楽教育学』を挙げておきたい。『音楽教育学』の序論では、当時のピアノ教育について次のように述べている。

音楽教育の分野は、他の芸術ジャンルに比較して技術偏重という悪しき傾向に落ち入りやすい。われわれは、技術修練という課題が、常に人間の美的完成という理想に結びつく様心をくばらねばならない。

（カワイ音楽教室本部 1967: 2）

当時のピアノ教授は個人レッスンが中心で、音楽大学出身の講師が、過去に自分が受けた厳しい指導を子どもに対して行なっているという状況があった。カワイ音楽教室では、こうした状況をよしとせず、音楽教育が単に技術を身につけるためだけに行われるのではなく、人間形成のために行われるべきであると主張している。

また、ヤマハ音楽教室やカワイ音楽教室では、特に幼児段階においてグループ・レッスンを重視していたことをその特徴の一つとして挙げることができる。グループ・レッスンでは、友だちと共にアンサンブルを経験し、協力しながら音楽を作り上げることが目的となっている。カワイ音楽教室は、前掲の『音楽教育学』において、教育目標として次の二つを掲げる。

個人の能力の全面開発とこれによる個性美の形成

美的集団の育成とこれによる全体美の形成

（カワイ音楽教室本部 1967: 2）

カワイ音楽教室では、単に個人の美的性格だけでなく、グループ・レッスンで行われるアンサンブルを通じた全体美の形成をめざしていた。グループ・レッスンでは、複数の生徒を一人の講師で見ることができるため、カワイ音楽教室にとっても子どもを通わせる親にとっても月謝を安く抑えることが可能という経済的な利点もある。しかし、カワイ音楽教室はグループ・レッスンに対し経済的なメリットというよりもむしろその教育的意義をより重視しており、さらにそれを教育理念として積極的に言語化していた。家庭教育の重視も民間の音楽教室の特徴である。週一日は音楽教室でレッスンを受けたあと、家庭で親と子どもがいかにレッスンをして過ごすかについて、才能教育研究会も、ヤマハ音楽教室も、ともにほめて育てることを中心としつつ、子どもがのびのびとピアノの練習に取り組むための方策について論じている。鈴木自身も、ヴァイオリンのレッスンを子どもに行う前に、「子どもよりもまず親を指導」（鈴木 1966: 191）という考えのもと、親が家庭で良い教師になるように、親に対する指導を行うと述べている。ヤマハ音楽教室でも、当時、特に幼稚園を会場とするレッスンでは親同伴とした。これには、レッスンでの様子を親が見ることで、家庭での教育環境を整えるため、といった理由があった。[14] 門奈が述べるように、「週1回の音楽教室は、家庭に音楽教育を持ち込むためのもの」（門奈 2007: 129–130）であった。[15]

一九六〇年代当時の民間の音楽教室が学校教育と密接な関係にあったこともまたこの時期の特徴

である。一九四七（昭和二二）年に発表された学習指導要領・音楽編（試案）では、特に器楽教育が重視され、小学校および中学校でピアノ、オルガンや合奏に必要な楽器の整備が進む[16]。こうした状況のもと、ヤマハは全日本器楽教育研究会を立ち上げ、器楽教育の経験が少ない学校の教師たちのために講習会を開催した。

一九五八（昭和三三）年版の学習指導要領では、オルガンが小学校一年生から必修となり、オルガンは、「先生が弾くものではなく、自分たちが弾くものになっていった」（井上 2020: 204）。この方針は一九六八（昭和四三）年版の学習指導要領にも受け継がれることになる。また一九六七（昭和四二）年には文部省が「教材基準」を制定する。これにより、学校に必要な教材の内容や数が示され、制度の面に加え予算の面でも楽器購入が裏付けられ、全国の学校にオルガンを含む諸々の楽器が整備されるようになった（井上 2020: 202–205）。こうして、「鍵盤楽器をお稽古事として習うことが単なる趣味ではなく、学校の成績を上げるためにも役に立つ」（田中 2021: 138）と捉えられるようになり、民間の音楽教室に通う子どもたちの数は一気に増加した。

では、民間の音楽教室が学校教育と密接な関わりを持っていた当時の状況を、学校教育の側はどのように受け止めていたのだろうか。全日本器楽教育研究会が編集した『オルガンと音楽教育』では、文部省教科調査官の真篠が当時の器楽ブームと民間の音楽教室の関係について、以下のように述べている。

最近の家庭への楽器やレコードの売れ行きはうなぎ上りの様相を呈していますが、これは、世の父兄が音楽教育、特にその早期教育の必要性を痛感してきたからでしょう。しかし、他方、やはり楽器業者が強力な組織のもとに行なっている幼児向きの音楽教室運動が、一般社会、特に家庭の要求にアピールしたことも一因としてあげなければなりますまい。このようにして、音楽教育界はまさに器楽ブームとさえいわれるような状態になっています。

（真篠 1964: 12）

このように、文部省の側も、親の早期教育への関心に加え、楽器業者や民間の音楽教室との連携が器楽ブームを後押ししている現状を肯定的に捉えている。また、前掲の『音楽教育学』には、カワイ音楽教室本部指導研究課長の村上嘉隆と真篠による「上手な授業」というタイトルの対談（カワイ音楽教室本部 1967: 97–102）が掲載されており、学校教育における授業づくりのポイントについて真篠と村上が語っている。ここでは、カワイ音楽教室の側が、学校教育の専門家に音楽の授業のあり方について積極的に学ぼうとするという状況を見て取ることができるだろう。以上のように、一九六〇年代当時は、民間の音楽教室は家庭教育や学校教育と密接に結びついていた。

その一方で、音楽教育学者の供田は、学校教育の立場から民間の音楽教室に対し一定の距離を置きつつ、音楽のおけいこに通わせている親に対し、次のような見解を述べている。

学校音楽のねらいや重要さをここで改まって書くよゆうはないけれども、要するに学校の音楽は円満な人間教育の有力な一つの手段であることも、もっと大ぜいの人たちがわが子のために理解してほしい。

（供田 1962: 135）

供田は、親に対し学校の音楽教育の目的を理解してほしいと考えていた。しかし、これまでに論じてきた通り、音楽教育と人間形成の問題、つまり音楽教育学の必要性については、民間の音楽教室の側も把握しており、一九六〇年代には単なる技術の指導に陥ることのないよう、音楽教育学が構想されていた。

学校教育も、民間の音楽教室も、音楽教育学の必要性についてはどちらも理解している一方で、こうした考えは必ずしも親にまで浸透しているとはいえないという現状があった。つまり、親と専門家との間に、音楽教育に対する考え方にギャップがあったということである。

音楽教育に関する親の声と専門家の回答に見る音楽教育観のギャップ

これまで、一九六〇年代の家庭教育および音楽のおけいこブームの実態や、民間の音楽教室の興隆について考察してきた。ここでは、音楽のおけいこブームの渦中にあった親の意見を取り上げ、親と専門家との間にある音楽教育観に関するギャップの内容について具体的に検討していく。

本章で取り上げる資料は、一九六二（昭和三七）年に音楽之友社から発行された雑誌『音楽の友』

の臨時増刊号である。この号は「ママの音楽教室」というテーマで、家庭での音楽教育について特集が組まれている。同特集は児童心理学者の早川元二や東京教育大学附属小学校にて長く音楽科教員を務めた小林つや江による論考や、小澤征爾や林、平井康三郎といった著名な音楽家の親へのインタビューなど、主に子どもの音楽教育に関心のある親に向けた記事や論考で構成されている。

同特集には「ママの質問箱」というコーナーがあり、音楽教育に対する悩みや相談が全国の親から寄せられている。回答者は、作曲家であり、また文部省の視学官として一九四七（昭和二二）年の学習指導要領・音楽編（試案）を作成するにあたり中心的な役割を担い、その後も教育行政に深く関わっていた諸井や、音声学者の林義雄、ヴァイオリニストの兎束龍夫やその他音楽教育関係者などが担当し、それぞれの質問に応じて回答している。[17]「ママの質問箱」には、全国の親から寄せられた合計七一問の質問が項目ごとに分けられており、これらの質問と回答は、音楽教育に悩む親の質問とそれに対する専門家の回答の典型を示していると考えられる。そこで、本章では一九六〇年代当時の音楽教育に関する親の考えや、専門家の考えのギャップについて考察していくための手がかりとして、「ママの質問箱」に寄せられた質問とその回答を取り上げる。「ママの質問箱」に寄せられた質問の項目とそれぞれの項目における質問数は**表7**に示す通りである。

それぞれの質問項目に対する質問の数を比較すると、「その他」を除くと「才能をみわけるには」、「家庭でのおけいこ」「絶対音感・音痴の子ども」に関する質問が多い。これまでに述べてきた通り、家庭教育がブームになりつつあり、家庭で子どもにどのように音楽を教えたらいいのかを知りたい一方で、自分の子どもに音楽の才能があるのかどうかをできるだけ早く見極めたいという親の思いをここに見てとることができるだろう。

では、親たちはどのようなことを質問し、それに対し専門家はどのように回答していたのだろうか。ここでは、先に挙げた三つの質問項目を中心にそれぞれの質問とその回答について取り上げていく。まず、「才能をみわけるには」という質問項目では、次のような質問が寄せられている。

もし子どもに音楽の才能があれば、十分な教育をしてやりたいと思います。それには経済的な負担を相当覚悟しなければならないときいていますので、現在二歳の子どもの素質をみきわめ、わたくしどもの生活設計を綿密にたてていきたいのです。もしなにか方法がありましたら、お教えください。（諸井ほか 1962: 66）

この質問は、早く子どもの音楽的才能を見極め、才能の有

表7　「ママの質問箱」に寄せられた質問項目と質問数[18]

才能をみわけるには	8
調律されていない楽器の害	1
家庭でのおけいこ	14
楽器をはじめる理想的年令	6
オルガンからピアノへ移る場合	3
子供に作曲を学ばせるには	4
ハーモニカについて	4
絶対音感・音痴の子ども	13
ブラスバンドについて	5
その他	13

無によって今後のおけいこの内容を考えたい、という親の典型を表しているといえるだろう。この他にも、この質問項目では、音楽的な才能の有無を問う質問がいくつか寄せられている。これらの質問に対し、専門家は、音楽的才能の有無を幼いうちから見極めるのは難しいと前置きした上で、そもそも音楽的才能とは何か、ということについて考えを巡らせている。音楽的才能については、単に楽譜通りに演奏できることだけでは才能があるとは判断できない、という点についてはどの回答者も意見は共通している。音楽的な才能についてはそれぞれの回答者なりの考えがあるものの、ここで重要なことは、専門家は、子どもに才能があるかどうかを問う前に、まずは音楽的な環境を整えることや、練習の内容、子どものモチベーションにどのように働きかけるか、つまり、音楽をどのように継続して学んでいくかを重視しているということである。

「家庭でのおけいこ」に関する質問では、たとえば、「私の子どもをピアノのおけいこにかよわしていますが、家庭ではどの程度の練習が必要なのでしょうか」（諸井ほか 1962: 83）といった家庭での練習時間に関する質問や、「私はヴァイオリンのことはよくわかりません。子どもがヴァイオリンを習っていて家でもよく練習するのですが、どういうひき方をするのが、一ばんいいのでしょうか」（*ibid.*: 80）といった、楽器の演奏経験のない親がどのように家庭学習をサポートすればいいのか、といった質問が寄せられている。また、「私はこれから家の子どもにピアノを習わせたいと思います。家庭でのおけいこ、また先生のお宅について行なった時の注意、態度などを教えてください」（*ibid.*: 88）といった、ピアノのおけいこに同席する親の振る舞いといったマナーに関する質問も紹介されている。この質問に対しては、特に三、四歳から小学校低学年にかけての年齢の子どもの場合は、「自分で先生の注意してくださることが理解でき、練習するようになるまではお母さまの橋渡しの役が必要です」（*ibid*.: 88）と述べ、楽器経験のない親でも、二、三年の間に家庭での練習を指導する大体の要領を掴むことができる、と助言している。

「絶対音感・音痴の子ども」に関する質問では、絶対音感がそもそもどういうものなのか、あるいは絶対音感よりも相対音感を身につけた方がいいのでは、といった質問や、固定ド唱法と移動ド唱法のどちらが優れているのか、あるいは、音感と音楽的感受性にはどのような関係があるのか、といった質問など、専門的なことについての問いが寄せられている。その一方で、次のような質問も取り上げられている。

音感教育がやかましくいわれておりますが、その教育をうけるとどのような利点があり、またどのような音感のつきかたがのぞましいのか、その素質などについてお教え下さい。（*ibid*.: 111）

このように、音感教育の教育上のメリットを直接問うような質問も取り上げられている。さらに、「幼児のうちに、すでにその子どもが音痴であるかどうか、みわけられますか。見分けられるとすれば、その方法をお教えください」（*ibid*.: 115）といった質問があり、早く子どもの音楽的な才能を見分けたい、という親の思いを見てとることができるだろう。また、音感教育に敏感な親からは、次のような不安の声が寄せられている。

どうも私の子どもは音痴らしいのです。音楽はたとえ楽しむだけでも絶望的でしょうか。子どもの人生に楽しみが一つでも減ることは、かわいそうでなりません。音痴の子どもを是正する方法はないでしょうか。

（*ibid*.: 115）

同様の質問は、「その他」の質問項目にも見られる。

わたくしにはよくわかりませんが、主人が申しますには、どうも子どもが音痴らしいのです。わたくし自身いままで音痴といわれたことがありませんし、子どもが本当に音痴だとは思えません。ちょっとした教育だけでなおりそうな気がいたします。その方法がありましたら、お教えください。

（*ibid*.: 128）

もちろん、家庭によって悩みの内容はそれぞれ異なる。とはいえ、これまで「ママの質問箱」における親の質問やそれに対する専門家の回答を見た時、この当時の傾向として、次のようなことがいえるだろう。何よりもまず、親は自分の子どもに音楽の才能があるのかを早く見極めたいという思いがあった。また、もし自分の子どもに才能があるなら、音楽の専門家にするために少しでも効率のいい方法を知りたいという思いが強い。また、音感教育について親は敏感になっており、自分の子どもが音痴なのではないか、という点を心配する声が多い。また、楽器経験のない親は家庭学習の進め方について情報を求めていた。一方で、音楽教育の専門家の側としては、楽器を通じて音楽人口の裾野を広げるために、「一般教育としての音楽教育」を普及させることをめざしている。そのためには、単に楽器の技術を学ぶだけでなく、「そもそもなぜ音楽教育を学ぶのか」という音楽教育学が必要であり、カワイ音楽教室のように、全人教育としての音楽教育学を構築する例もあった(19)。

まとめ

一九六〇年代は、音楽のおけいこブームにより音楽人口が増加し、音楽の裾野が広がった時期であった。音楽人口の増加には、ピアノやオルガンの生産台数の増加といった楽器産業の興隆とともに、これらの楽器を子どもたちが弾けるようになるための音楽教育を実施する、民間の音楽教室の発展が密接に関係していた。さらに、この時代は、ヤマハ音楽教室やカワイ音楽教室など、鍵盤楽器を中心とするレッスンを行なっていた民間の音楽教室が学校の音楽教育との結びつきを強めていた時期でもあった。そうしてレッスン以外の日は、音楽教室の講師に代わり、親たちが家庭で音楽教育を担うことになる。

音楽のおけいこブームでは、幼い時期から音楽を学ぶことに一定の意義が見出されていた。しかし、音楽のおけいこがブームとなった当初から、子どもに音楽の技術を一方的に教え込むことが中心になることに対し、専門家は注意を促し続けていた。なぜなら、親たちの中には、単に情操教育という理由だけでなく、学業達成のため、あるいは将来専門家として育ってくれるのでは、という期待を抱きながら子どもたちを民間の音楽教室に通わせるものもいたからである。

実際に、音楽教育に対する親たちの質問の中には、子どもに音感を身につけさせる方法や、自分の子どもが音楽の専門家になれるのかどうかといった内容が多く見られた。親の側には、将来の職業に結びつくのかどうかを早く判断したいという思いがあった。こうした親の思いに対し、音楽のおけいこを担っていた民間の音楽教室の側は、単に音楽の技術を教える方法だけでなく、何のために音楽教育を受けるのか、といった音楽教育学を構築し、それを広く伝える必要性を感じていた[20]。

スズキ・メソードも、ヤマハ音楽教室も、カワイ音楽教室も、それぞれが音楽教育学を構想しているものの、少なくとも教育理念として、音楽の専門家を育てることではなく、音楽を楽しむ人を育て、音楽人口の裾野を広げようとしていた点は共通している。つまり、民間の音楽教室は、専門家を育てるための音楽教育ではなく、「一般教育としての音楽教育」を構想し、それを普及させようとしていたのである。こうして、民間の音楽教室が構築した音楽教育学は、まずは音楽教室の講師たちが研修でその内容を学び、恐らくそれぞれのレッスンにおいて、親に対してもその教育学的意義が伝わることが期待されていた。

民間の音楽教室では、教室数の拡大や音楽のおけいこブームにより、音楽教室の講師、子ども、親など音楽に携わる人が増えるに従い、いわば必要に駆られるような形で、そもそもなぜ音楽をするのかを問うこと、すなわち音楽教育学を構築する必要性を感じるに至ったと考えられる。(21) 一九六〇年代の校門の「外」において、音楽教育の専門家たちは、音楽の裾野の拡大とともに、「一般教育としての音楽教育」という考え方を普及させる必要性を感じていたのである。

民間の音楽教室と学校教育との関係から考えるなら、一九六〇年代は、いわば校門の「外」と「内」とが、少なくとも音楽人口の裾野を拡大させるという方向性においては互いに一致し、協力しあった時期であった。一九六〇年代になり、音楽教室の数が増加していたことや学校において楽器の整備が進んでいた事実に鑑みれば、音楽人口の裾野の拡大という目標はある程度成功していたといえる。一九六〇年代は音楽人口の裾野の拡大とともに「一般教育としての音楽教育」という考え方が生まれ、広く普及していった時代であった。

ただし、一九六〇年代の音楽のおけいこブームで取り上げられてきた音楽は、あくまで芸術音楽が中心であったということに留意する必要があるだろう。というのも、戦後音楽教育史という視点から見ると、一九六〇年代以降の学校における音楽教育では、芸術音楽だけでなく、それ以外の音楽も積極的に取り入れられるなど、戦後音楽教育への反省がなされた時代に差し掛かっていたという事実にもまた目配せしておく必要があるからである。たとえば、樫下達也（2013）は、一九五〇年代以降の音楽教育をめぐる言説において、ポピュラー音楽を音楽教育においてどのように位置付けるべきかについて、「(1)「マスコミ音楽」悪玉論の時期(一九六〇年代)」、「(2)「学校音楽」反省論の時期」、そして「(3)「マスコミ音楽/ポピュラー音楽」導入論の時期」へとその時期を分けている。樫下は、戦後のポピュラー音楽に関する音楽教育に関わる専門家の議論を分析しつつ、徐々に音楽教育に流行歌が取り入れられていく過程を明らかにしている。本章の関心に引きつけていうなら、音楽のおけいこブームの時期は樫下がいうところの「(2)「学校音楽」反省論」の時期にあたる。つまり、音楽教育の界隈においては、ポピュラー音楽を部分的に音楽教育に取り入れていこうとする動きが見え始めた時期であった。また、日教組が中心となって運営していた教研集会の音楽部会では、一九五〇年代後半から一九六〇年代にかけ、戦後の音楽教育が一貫して芸術音楽偏重であったとして文部省に対し批判的な態度を取り、その代案の一つとして、小泉による民族音楽学の理論的な後押しを得ながら、わらべうたを用いた音楽教育を提唱していた(本書第五章および第八章)。作曲家の林を中心として、芸術音楽の相対化を試みた子ども向けの音楽教材を制作していた例もある(山本 2021)。

これらを考え合わせるなら、一九六〇年代以降の学校音楽教育は、ポピュラー音楽やわらべうたや世界の音楽など、多様な音楽を徐々に受け入れ始めた時期であった。すなわち、学校音楽教育における「良い音楽/悪い音楽」の境界も少しずつ曖昧になってきていた時代であったとひとまず整理できるだろう。しかし、本章で論じてきた通り、音楽のおけいこに通わせる親たちにとって、子どもに受けさせたい音楽教育とはまずもって芸術音楽であった。そこには明らかに親たちにとってかつて憧れの楽器であったピアノ（あるいはヴァイオリン）によって演奏される芸術音楽や、西洋の音楽理論に則った音感教育への憧憬が含まれていた。一九六〇年代以降の日本の音楽教育を巡る状況は様々な要因によりめまぐるしく変化していた時代であり、この時期の学校で行われる音楽教育と、民間の音楽教室やそこに子どもを通わせる親たちの間で「良い音楽／悪い音楽」観に相違が生じていたといえよう。

日本の音楽教育を考えるには、校門の「内」にいる子どもや教師、あるいはそこに存在する教材やその根拠となる学習指導要領などの制度について考察することが必要であることは論を俟たない。しかし、それだけでなく、校門の「外」で行われている音楽教育や、子どもを家庭で教育する親について、歴史的、あるいは社会的な背景に注目しつつ、その時々の状況に応じて、それぞれの立場が音楽教育をどのように捉えていたのかについて考察することの重要性を、一九六〇年代の音楽のおけいこブームは示唆している。

註

（1）一九六一（昭和三六）年に発行された『新日本大観　一九六一年』（新日本大観編集委員会編 1961）

を見ると、「おけいこブーム」という言葉で、女性たちが文化教室でバレエ、料理教室、和裁、長唄、合唱などといった様々なおけいこに参加する様子が紹介されている（新日本大観編集委員会編 1961: 14-16）。また、新聞紙上でも「おけいこブーム」（『朝日新聞』1965.3.28: 23）という見出しの記事が掲載されるなど、一九六〇年代当時から、おけいこに励む人たちが増加している状況に対し「おけいこブーム」という言葉が用いられていた。

（2）「教育する家族」について詳しくは広田（1999）および鈴木智道（2002）を参照。なお、鈴木によれば、「教育する家族」は大正時代の新中間層にそのルーツを見出せるが、それが一般社会に浸透するのは、「農村社会の解体と、サラリーマン社会化の進展によって、かつて家の労働力として貴重な存在であった女性も、主婦としての立場にその価値と居場所を見出していくようにな」（鈴木 2002: 104）った高度経済成長期であった。

（3）このほかにも、『週刊新潮』一九六六（昭和四一）年一二月一〇日号に掲載されている「浩宮さんのバイオリンおけいこ――ブームとなった小学校低学年の教養」という見出しの記事において、学習院でヴァイオリンのおけいこが流行していることや、一般家庭における教育費が高騰している現状について記されており、この時期の家庭の教育費の高騰というのが社会現象になっていたことが窺われる。また、多くの人にとって憧れの楽器であり、豊かさの象徴でもあったピアノは、かつては限られた階層の家庭しか買うことのできない「高級文化商品」（田中 2021: 2）であった。一九六〇年代になり、高度経済成長期の只中にあり、大量生産されるようになったピアノは、一般家庭にとっては依然として高額な楽器であった。しかし、楽器会社の販売戦略により、単なる月賦支払いだけでなく、毎月積立を行い、一定の金額が貯まった時点でそれを頭金としてピアノを購入し、その後月賦支払いを開始するという「予約販売」のシステムの導入により、経済的に無理のない範囲で憧れのピアノを購入することが一般家庭でも可能となった。なお、楽器販売における予約販売については田中（2021）を、「文化資本としてのピアノ」というイメージが明治から大正時代にかけて形成されていく過程については、「ピアノを弾く女性」という観点から考察を試みている玉川裕子（2023）をそれぞれ参照した。

（4）このほかにも、一九六七（昭和四二）年に出版され、その後ベストセラーとなった松田道雄の『育児の百科』でも、音楽教育を含む早期教育に対し、親が過剰な期待をしないよう注意を呼びかけており（松田 2009: 402）、この当時の親たちの間で早期教育やおけいこへの関心が高かったことが窺える。

（5）音楽のおけいこと花嫁修行、あるいはジェンダーとの関係については歌川光一（2019）を参照。昭和戦前期に登場した花嫁修行という概念は、「箏や長唄などの日本趣味と文化ナショナリズムが結合」（歌川 2019: 221）した結果、主に伝統芸術のたしなみが強調され、それが戦後にも受け継がれていたと歌川は論じている。なお、ここで鈴木が述べているように、一九六〇年代になり、花嫁修行としてのおけいこにピアノも含みうるものとして取り扱えるのかどうかについては、改めて検討する必要があるだろう。

（6）また、この当時、音楽の専門家たちの間でも音楽の早期教育に対し関心が向けられていた。雑誌『音楽芸術』一九六四（昭和三九）年12月号において音楽の早期教育に関する特集が組まれている。同特集の一つである「早教育の必要性とその方向——桐朋オーケストラ・才能教室・先生と生徒・大松監督論」というタイトルの座談会に遠山一行、野村光一、諸井三郎、吉田秀和が参加しており、音楽の早期教育の当時の現状と課題について意見交換している。この座談会では、音楽を早期から教育することや、それによって音楽人口の裾野が広がる可能性があることについて、どの参加者も肯定的ではあるものの、音楽教育の実施方法や、早期教育ブームによって親たちが安易に流行に踊らされてしまうことに対しては危惧を抱いていた。

（7）なお、国府華子（2011）や入江菜々子（2023）は、当時東京音楽学校の校長だった乗杉嘉壽が一九三三（昭和八）年に設立した「上野児童音楽学園」を早期教育が行われた音楽教室のルーツの一つとして位置付けている。しかし、本章で取り上げている「絶対音音楽早教育実験教室」やスズキ・メソード、あるいは「子供のための音楽教室」が就学前の幼児やあるいは小学校低学年を対象としている一方で、「上野児童音楽学園」が募集対象としていた子どもは小学四年生であり（国府 2011: 12）、早期教育と呼ぶには年齢が高い。こうした点に鑑みれば、「上野児童音楽学園」は、日本において学校以外の場で子ども向けに組織された音楽教室の最初期の例ではあるものの、果たして同学園を「早期教育の先駆け」（入江 2023: 56）とまでいえるのかどうかについては検討の余地があると思われる。

（8）「子供のための音楽教室」について、詳しくは中丸美繪（2002、2022）を参照。

（9）金原は才能教育研究会の教育内容を素晴らしいものであったと感じていた。しかしその一方で、自分の音感をもとにしてピッチを調整する必要のあるヴァイオリンは、鍵盤楽器に比べ家庭での練習が難しいことが気になっていた。金原は医師とも相談の上、ピアノよりも指への負担が軽いオルガンを幼児教育に採用したと述べている（西野 2015: 38）。

（10）以上、才能教育研究会、ヤマハ音楽教室、カワイ音楽教室のそれぞれの概要については、木村（1993: 220–222）を参照した。

（11）ヤマハ音楽教室の生徒数については川上（1977）を、カワイ音楽教室の生徒数については鈴木（1965）をそれぞれ参照した。

（12）一九六三（昭和三八）年の時点で、ヤマハ音楽教室は教室数がおよそ四九〇〇、講師数が二四〇〇人、生徒数がおよそ二一万人（川上 1977）に対し、カワイ音楽教室は教室数が五三六五、講師数が二六九〇人、生徒数が一九万四二八六人（鈴木 1965: 123）であった。一九八〇（昭和五五）年にはヤマハ音楽教室の教室数がおよそ八二〇〇、講師数が一万七〇〇〇人、生徒数が六五万人（田中 2021: 144）となり、最盛期を迎える。その後、大人向けの音楽教室などを開始するものの、生徒数は減少しており、二〇二二（令和四）年の教室数は二四〇〇、講師数が九六〇〇人、生徒数が三〇万九〇〇〇人（大人を含む）となっている（一般財団法人ヤマハ音楽振興会 2023: 1）。なお、特にヤマハ音楽教室を中心として、民間の音楽教室については既に多くの先行研究がある。ここでは特に本章で参照した先行研究を挙げる。ヤマハ音楽教室については、歴史的、あるいは経営史的な観点については前間孝則・岩野裕一（2001）西野（2015）、井上（2020）田中（2021）を、教育学的な観点については門奈（2007）を、社会学的観点については本間（2017）をそれぞれ参照している。スズキ・メソードについては本多（2003）および西野（2015）および門奈（2007）を参照した。

（13）今井康晴（2009）は、一九七一（昭和四六）年の中央教育審議会による答申である「今後における学校教育の総合的な拡充整備のための基本的施策について」において、幼稚園教育を積極的に普及させていこうとする方針が示されたことに注目し、この答申が一九七〇年代の早期教育ブームの背景となったと指摘する。さらに、早期教育が注目される中で、ソニーの創業者である井深大の『幼稚園では遅すぎる』（1971）がベストセラーとなり、当時の世間に広く影響を与えるに至ったと今井は述べている（今井 2009: 34）。なお、井深は同書において、井深自身が幼児教育の可能性を感じたきっかけがスズキ・メソードであり、このメソードがほかの教育分野にも応用できると考え、幼児教育に本格的に取り組むに至った経緯について書いている。このほか、同書では「生後三カ月の赤ん坊にも、バッハの組曲がわかる」（井深 1971: 36）や「音痴の母親に育てられた子どもは、音痴になる」（井深 1971: 76）、あるいは「幼児の音楽教育は、顔かたちにまで影響を与える」（井深 1971: 142）など、刺激的な見出しとともに、芸術音楽による早期教育の有効性が随所で説かれている。井深の早期教育に関する議論は、それまでに培われてきた音楽の早期教育を下地にしており、日本の早期教育は、音楽教育がその中心の一つとなって進展してきたといえよう。

(14) ただし、西野が金原に行なったインタビューによれば、こうした教育上の理由に加え、レッスンに同席している母親の内の何人かをヤマハの音楽事業に参加させることを狙うという意図もあったようである(西野 2015: 39)。民間の音楽教室を対象とする場合は、たとえそれが音楽教育に関する内容であるとしても、常に経営的な戦略や理由があることに留意する必要がある。

(15) なお、前掲の『音楽教育学』にも、家庭学習をテーマとした音楽教室の講師と音楽教室に子どもを通わせる母親の座談会が収録されており、家庭での学習のあり方や、宿題の出し方について話し合われるなど、カワイ音楽教室も家庭教育を重視していた(カワイ音楽教室本部 1967: 143–150)。

(16) 戦後音楽教育における器楽教育の重視については、学習指導要領・音楽編(試案)作成の中心人物であった諸井の影響が大きい。詳しくは井上(2020: 179–181)を参照のこと。

(17) 全ての回答者と当時の肩書は次に示す通りである。諸井三郎(作曲家)、林義雄(音声学者)兎束竜夫(ヴァイオリニスト)瀬戸尊(都文京区教育研究所)、広岡淑生(全日本吹連理事)、田中準(東京学芸大付属小教師)、大島久子(ピアニスト)、中西盾子(桐朋学園大学付属音楽教室講師)、河村昭三(音感教室主宰者)(諸井ほか 1962: 64)。

(18) 諸井ほか(1962: 64–131)をもとに筆者作成。

(19) 前掲の『音楽教育学』では、音楽をわかりやすく学ぶということにとどまらず、「音楽を通じた全人教育」を構想している点に特徴がある。これには、哲学および音楽美学を専門とする村上の影響が大きいと考えられる。この他にも、同書ではオルフによる音楽教育の方法論を積極的に取り入れようとしているなど、興味深い点が多い。当時の民間の音楽教室における音楽教育についてさらに考察を進めていくためには、カワイ音楽教室の音楽教育学の独自性についても詳細に検討する必要があると思われる。この点については稿を改めて論じたい。

（20）このように、民間の音楽教室が必要に駆られて音楽教育学を構築していたことに対し、佐藤生実は、音楽教育の目的自体が「欧米に比べると相対的に空虚」（2015: 51）であると述べ、その空虚さを埋めるものとして発表会が機能していたと主張する。しかし、そうであるとしても、発表会に向け、練習を重ね、本番でパフォーマンスをするという根底には、「何のために音楽を演奏するのか」という教育学的観点はやはり必要であったと考えられる。

（21）音楽教室の運営などを行う財団法人ヤマハ音楽振興会の元幹部である善積俊夫は、田中（2021）が行なったインタビューに対し、当時のヤマハ財団は、「現場の音楽教室の講師の中には、企業の売り上げのために音楽教育をしているという意識が少なからずあったため、「音楽振興のために仕事をしている」と自信がもてるように、講師の精神的支柱にもなった」（田中 2021: 162）とその役割について述べている。こうした証言からも、「一般教育としての音楽教育」という理念が必要とされていたことが窺える。

終章　戦後音楽教育史における「情操」概念の機能

「情操」概念が果たしてきた機能

本書では、戦後音楽教育において「情操」という概念がどのような機能を果たしたのかについて、一九四七（昭和二二）年版の学習指導要領（試案）にはじまり、一九六八（昭和四三）年の学習指導要領改訂までの時期を対象として、文部省、音楽教育に携わる専門家、日教組、学校現場のそれぞれの立場の議論を取り上げて考察し、戦後音楽教育が情操教育としてのあり方を強め、それが「教育音楽」としての姿であることを一貫して主張してきた。

戦後音楽教育は、諸井による「音楽教育即情操教育」という言葉とともに始まる。諸井は、音楽を本格的に学ぶことで自然に人間性も向上するという考えのもとに音楽教育を構想した。しかし、戦後の「逆コース」の動きにより、道徳の時間が特設される。そうした中、音楽教育は間接的にではあれ、情操教育によって道徳教育に寄与するところが大きいとして自身の重要性を主張する。一九六〇年代には情操教育がブームとなり、学校教育全体で情操教育が行われている例もあった。しかし、その一方で諸井が構想する音楽教育は芸術音楽中心で、また技術偏重であるとの批判があった。そこで民間研究団体は、唱歌や童謡とは異なる、子ども自身から発せられる「わらべうた」をもとにした教育を提唱した。その後は感動をベースとした合唱教育など、単に音楽に関する技術を追い求めるのとは異なる価値観で進められる音楽教育実践も見られるようになった。戦後音楽教育史を語るにあたっては、文部省と民間研究団体それぞれの議論を俯瞰し、より広い視野から考察する必要性がある。以上が本書で明らかにした戦後音楽教育史の見取り図である。

もちろん、音楽教育に関する研究はすでに膨大な蓄積があり、それは戦後音楽教育史についても例外ではない。先行する研究成果を参照しつつ、決して屋上屋を架すことのないよう注意を払いながら論じてきたつもりである。強いていうなら、「情操」という概念にこだわり、具体的な議論や実践を取り上げて論じたところに本書の独自性がある。

本書で明らかにしてきたように、日本の戦後音楽教育では情操教育によって、いわば「良い子」になることがめざされている。戦後音楽教育における「情操」という概念は、「良い子作り」のために「正しい音楽」あるいは「良い音楽」を教え授けようとするものとして機能しており、それこそが「教育音楽」としてのあり方である。そして文部省だけでなく、音楽教育に携わる専門家や現場の教師、日教組なども含めて、音楽教育が情操教育あるいは広い意味での人間形成に役立つものであることを強調することで音楽教育のあり方を定着させようとしてきた。その意味において、音楽教育における「情操」という概念は曖昧でありながらも、今もなお重要であり続けている。

戦後音楽教育において、「情操」という概念は、学習指導要領において常に目標の一つとされてきた。この「情操」という概念を目標に教育実践がなされることもあれば、逆に批判の憂き目にあうこともあり、それは今も昔も変わらない。それでもこの「情操」という目標が音楽教育からなくなる気配は未だ見られない。それは、学校で音楽が教えられる限り、人間性の向上という究極目標から逃れることはできない、という限界を示しているといえるだろう。音楽が学校で教えられる限り、それは人間性を高めること、つまり「情操」を高めることにつながっていなければならない。音楽教育は、ただ音楽の技術や知識を教えるだけでなく、そこに教育的要素、すなわち「情操」を高めることが求められることになる。

ただ、そもそもどのようにして「情操」が高まった、または深まった、あるいは音楽教育のおかげで「良い子」に育った、ということがわかるのか。さらにいえば、音楽教育で取り扱われるべき「教育音楽」にふさわしい音楽というのも一様ではない。それを一体誰がどのような基準で判断するのかは明確ではないし、また明確にするべきでもない。「情操」とはどこまでも曖昧な雰囲気のようなもののままで、使う人にとって微妙に意味の変わるもので、誤解を恐れずにいえば、使い勝手の良い概念である。しかし、それだからこそ音楽教育は情操教育であることで自身の立場を教育の世界で維持できたのではないだろうか。すなわち、戦後音楽教育は「情操」という曖昧な概念をうまく利用することで存在しえた――これが本書の結論である。

このように考えると、学校で行われる音楽教教育に対する「学校唱歌、校門を出ず」という批判は至極真っ当な意見ではあるものの、それだけでは物事の一面しか捉えていないともいえる。というのも、学校音楽教育は「教育音楽」として、そもそも校門「内」あるいは学校という制度の中で歌う、あるいは演奏すること、鑑賞されることを想定した教材を多く採用しているからである。音楽教育では「俗悪」とされる流行歌やCMソングから子どもたちを守ろうとする動きが過去にあったし、またその影響力の差はあるにせよ、今もそうした傾向は残っている。つまり、校門の「外」から「内」に入ってくる教材も、歌詞は当たり障りのないものが選ばれるなど、学校の中で使用するに耐えうる内容に漂白されることでいわば最大公約数的な教材、つまり「教育音楽」となる。

これらの事実は、音楽が学校教育として存在するためには必要なことであり、また自らあえて選んでいる道筋でもある。「教育音楽」の特徴は、情操教育をベースにしている点にあり、音楽教育が学校の中で行われる限り、「情操」という桎梏から逃れることはできない。音楽教育のこれからについて考えていくためには、まずこうした事実を認識する必要がある。

音楽教育にとって必要なことは何か

音楽教育は人間形成に役立つ――そう自らを位置付けることで音楽科は戦後も教科としての位置

を保持し続けてきた。繰り返しになるが、それだからこそこれまで何度も音楽教育は批判されてきたし、議論を巻き起こしてきた。本書で取り上げた通り、「音楽そのものを教えるのか、それとも音楽による人間形成を重視するのか」や「音楽教育において大切なのは技術なのか、それとも子どもたちが感動する心を養うことなのか」あるいは「音楽は目的かそれとも手段なのか」といった問題はこれまでも音楽教育の世界では再三にわたって議論されてきた。

これは畢竟、音楽を「音楽そのもの」として捉えるかどうか、という美学的な問いに収斂する。音楽を純粋なものとして捉えようとする立場とは、「音楽そのもの」ではなく、それ以外の要素、ここでは人間性の向上や感動といった教育に役立ちそうな要素を音楽外的なものとして重視しない、極端な場合には不純物として排除しようとする立場である。音楽を自律した作品とみなし、音楽における形式を重視する考え方というのは、一九世紀以降、ロマン主義芸術の勃興とともに醸成され、特に音という現象を取り扱う音楽において今も根強く信奉されている。

しかし、こうした考え方というのはあくまでごく一時期のクラシック音楽、具体的にはベートーヴェンの時代の音楽を頂点とする西洋芸術音楽を論じるための枠組みの一つであり、これを一般化して論じるのには無理がある。また、ベートーヴェンの作品であったとしても、そもそもそれを歴史的な文脈や前提となる知識から全く切り離して論じることは難しいのではないか(1)。

ただし、だからといって音楽教育において音楽以外のことをことさら重視することにも注意しなければならない。皆が演奏する中で協調性を育む。皆で一つの歌を歌い団結する。あるいは音楽を享受したり、音楽を自ら演奏することで感動したり皆と感動を共有したりすること。こうしたことは誰もが何らかの形で経験したことがあるだろうし、音楽にこうした効果があることは誰も否定できないだろう。ただ、音楽を利用し、それが行き過ぎた場合にどのような結果をもたらすのかということにもまた気をつけなければならない。

結局のところ、音楽教育において必要なこととは、まずその教育的効果について自覚的になることであろう。音楽はそれが教育である限り目的でもあり手段でもある。「どちらか」ではなく、「どちらも」なのである。ただし手段とする場合にも、その取り扱いにはくれぐれも注意することが重要である。

友だちとアンサンブルをして協調性を養うとか、パートリーダーになって責任を持って取り組むとか、または合唱曲を歌う中で心が洗われるような気分になったり、一体感とともに感動する気持ちを味わったりすることは日常的にあるだろうし、これらは音楽が孕む教育的側面である。ただし、音楽教育に携わる者は、そうした音楽の教育的側面が過度に重んじられたり音楽を演奏することが傍に置かれたりする瞬間に敏感でなければならない。

また、音楽の教育的側面を享受するために必要となる音楽は人によって異なるだろう。弦楽四重奏やオーケストラがフィットする子どももいれば、ロックバンドの方がしっくりくる人もいるだろうし、アカペラグループかあるいは邦楽や諸民族の音楽かもしれない。楽器が演奏できなくとも、ラップトップで自分の好きな音楽を創造するかもしれない。できる限り「開かれた音楽性」を持っておくこと。「音楽」という概念がカバーする範囲は常にアップデートされ続けるもの、という態度を忘れないこと。ありきたりかもしれないが、以上が音楽教育に必要な態度である。

音楽教育のこれまでとこれから――「学校音楽文化」という視点

最後にこれまでの議論を踏まえた上で、今後の音楽教育のあり方について若干の提言をすることで本書のまとめとしたい。

日本の音楽教育は、戦前から現在までを通観すれば、少しずつその対象範囲を広げてきたことがわかる。唱歌に始まり、西洋芸術音楽から流行歌、最近ではポピュラー音楽が吹奏楽に編曲され、さらには軽音楽部[2]などがクラブ活動として社会に広く認知されていることからもわかるように、巷の音楽は、人間形成に役立つもの、つまり情操教育というフィルターを通すことで学校現場に取り入れられた上で「教育音楽」となっている。こうした状況をネガティブに捉えるなら、「教育音楽」の範囲は狭い、極めて限られた範囲しか取り扱っていないといえるだろう。しかし、ポジティブに捉えるなら、これまで狭い範囲、言い換えるなら情操教育として、正しい音楽のみを取り扱う傾向にある「教育音楽」が、少しずつその裾野を広げているともいえる。

では、これから音楽教育に携わる者に求められることというのはいかなるものなのだろうか。先ほど述べた通り、まずは「教育音楽」という概念を念頭においた上で日本の音楽教育を捉えることである。そしてそうした前提に立った上で、「教育音楽」という枠を地道に少しずつ広げていくことではないか。

また、こうした考え方は、近年研究が進む「学校音楽文化」（笹野 2024）という考え方にもつながっていく。「学校音楽文化」とは、学校で行われる音楽活動を、学校という独自の場で行われる独自の音楽文化として捉えるということ、つまり、これまで批判されることが多かった校門の「内」を、独自の音楽文化が形成される場として捉えようとする試みのことである。校門の「内」で行われてきた「教育音楽」は、独自の文化あるいは価値を持つものとして捉えるという視点は、これからの音楽教育を考えるためのヒントになる。

音楽で「良い子」が育てられるかどうかはわからない。しかし、学校で行われる音楽教育によって、子どもたちがより良い人生を送るための手助けはきっとできるはずだ。

註

（1）セオドア・グレイシックはこうした傾向を「純粋主義」（グレイシック 2019: 60）と呼び、この態度が理念上のものにすぎず、いかに現実的でないかについて論じている。

（2）学校教育における軽音楽部のあり方については宮入恭平（2015）を参照。ポピュラー音楽が学校教育部活動として取り入れられていく過程を論じる際に宮入が用いている「健全化」という概念もまた本書で取り上げた情操教育を構成する重要な要素である。

あとがき

「音楽は好きだけど、学校の音楽の授業は苦手だ」。本書はあえてこのような挑発的な書き出しを選んだ。この音楽教育にとって些細でありながらもまた根本的な疑問について答えるためは、まず日本の戦後音楽教育のあり方やスタンスについて正面から向き合う必要があると考えた。しかし、当の本人はどちらかといえば毎回の音楽の授業を楽しみにしている方だったことをここで白状しておく。ここから幾ばくかの自分語りをすることを許して欲しい。

小学校でも、中学校でも、高校に入っても、音楽の授業でリコーダーを吹いて友人と合奏したり、高校生ではじめて四部合唱に取り組んだりしたこと、また、音楽発表会で全校生徒の前でクラシックギターの演奏を発表したことは今でも印象に残っている。また高校生のころは、地元の友人とはじめていたバンド活動で誰かと一緒に楽器を演奏することに対し楽しみを感じはじめていた時期でもある。当時のことを振り返ってみると、校門の「内」と「外」で行われている音楽は、同じではないかもしれないが、校門の「内」でしか触れる機会のない音楽もあったし、大人数で合唱することなんて普段の生活ではなかなか得難い経験でもあったし、それはそれとして受け入れ楽しんでいたように思う。

校門の「内」と「外」の両方で音楽経験を積み重ねていく中で、将来は音楽に関係する仕事に就きたいと思い、音楽教師という道もありえるのではないか、といつしか考えるようになった。高校二年生の終わりごろ、当時音楽科を担当していた山村公彦先生に何気なく将来は音楽教師になりたいと相談した結果、声楽をはじめとする受験に向けたレッスンをしていただけることになり、そのおかげもあって何とか大学に入学することができた。

大阪教育大学では音楽科教員を養成するコースに入り、大学院も含め六年間学んだ。大学では声楽や合唱の指導については寺尾正先生に、そして研究面では吉野秀幸先生にお世話になった。

大阪教育大学大学院を修了した後、音楽学的な観点からさらに研究を深めたいと思い、大阪大学大学院文学研究科博士前期課程に入学した。博士前期課程では音楽作品論の観点から編曲の美学に関する修士論文を書いたが、博士後期課程では音楽教育という自分の原点に立ち返り、日本の音楽教育学史について研究することに決めた。博士後期課程への進学に際し研究テーマを変更することについて迷いもあったが、指導教員である伊東信宏先生や根岸一美先生に相談し、背中を押してもらった。また博士後期課程の試験と同じタイミングで大阪府の教員採用試験にも合格し、教員になることが決まる。大阪大学大学院には長期履修制度というものがあり、この制度を利用することで、幸いにも私は働きながら大学院に通い、研究を進めることができた。

最初に配属された学校は知的な遅れのある児童・生徒が通う学校で、私はそこで音楽科を担当した。ある年の四月、一緒に授業を担当していた周りの同僚がみな一様に音楽の授業が苦手、もしくはもっとストレートに「音楽の授業が嫌いだった」と答えたのにショックを受けた。音楽、というよりも音楽の授業が苦手な人が多いのは何故なのか。そしてそもそも何故音楽の授業が学校で行われてきたのか。こうした経験もあり、博士論文ではまず戦後音楽教育の歴史の一端を明らかにしようとあらためて誓ったのである。

本書は二〇一七（平成二九）年に大阪大学大学院文学研究科に提出した学位請求論文「戦後音楽教育における「情操」概念の機能」の一部分をもとに、その後の研究成果を加え再構成したものである。その一部には既に発表されたものがあるので初出を以下に示す。なお、本書収録にあたりいずれも大幅に加筆修正を行なっている。

山本耕平（2015）「一九五〇年代の音楽教育における情操教育の一側面――道徳教育から見た音楽教育、あるいは音楽教育から見た道徳教育」『阪大音楽学報』第一三巻、五九―七三（第三章）。

――（2016）「日教組を中心とする「美的情操」批判の歴史的意義――一九五八年の学習指導要領改訂をめぐる言説を中心に」『阪大音楽学報』第一四巻、五五―七二（第五章）。

――（2019）「林光の音楽教育論――教研集会講師としての活動に焦点を当てて」『音楽教育学』第四九巻第一号、二五―三六（第六章）。

――（2022）「文部省と民間教育研究団体との緊張関係に見る昭和四〇年代の音楽教育――家永教科書裁判を中心に」『音楽教育学』第五一巻第二号：一―一二。（第八章）

――（2024）「一九六〇年代の音楽のおけいこブームに関する一考察――親と専門家との間に見られる音楽教育観のギャップに注目して」『阪大音楽学報』第二〇号：一―一二（補章）。

博士論文ではテーマを一新したこともあり、正直書き上げることができるか不安もあったものの、伊東先生や、根岸先生の後に着任された輪島裕介先生、博論提出時に助教をされていた齋藤桂先生に励まされ、何とか完成までこぎつけることができた。また、音楽学のゼミでも院生から意見をもらったり議論をしたりしていく中で、博論の方向性を徐々に具体化することができた。

伊東先生との面談では、論文の内容に対し本質的な指摘を受けるとともに、「博士論文とはいえ、せっかくなのだから読んでいて面白いと読者に思わせるものを書いて欲しい」という旨のアドバイスを受けたことが特に印象に残っている。学術的な厳密さや論理構成はもちろんのこと、それに加えて読み手のことを想定した「面白い」内容にするというのは私にとっては少々荷が重かった面もあるが、常にそのことを念頭に置きながら執筆を進めた。もし本書を読んでいて少しでも面白い、と思う部分があったなら、それは伊東先生のご指導の賜物である。

博士論文の審査では主査の伊東先生をはじめ、音楽学から輪島先生、演劇学から永田靖先生にご参加いただき、それぞれの専門の見地から貴重なご意見を頂いた。また、和歌山大学教授の菅道子先生にも副査としてご参加頂き、音楽教育史の観点から的確なご指摘を受け、今後の研究に向けて大変参考になった。この場をお借りして深く感謝申し上げる。なお、本書の研究の一部は二〇一九（平成三一）年度～二〇二〇（令和二年）年度科学研究費助成事業（奨励研究：課題番号19H00072）の助成を受けている。ここであわせてお礼申し上げておく。

本書の出版にあたり、春秋社の中川航さんおよび林直樹さんに大変お世話になった。初めて中川さんに相談したのは二〇一九（令和元）年七月のことである。そこから数えると本書の出版まで六年、博士論文の完成から数えると八年を要したことになる。なお、これほどの時間がかかったのは全くもって私の怠惰によるものである。しかし、折に触れて中川さんと連絡を取りながら、何とか出版までこぎつけることができた。また、中川さんから担当を引き継いでくださった林さんは、音楽教育を取り上げた本書の元となる原稿に関心を示してくれ、企画を進めてくださり、原稿に対して的確なアドバイスをしてくださった。感謝申し上げたい。

最後に家族の皆へ。いつも研究を温かく見守ってくれる妻、息子、そして娘にも感謝を。

二〇二五年一月　山本耕平

著者略歴

山本　耕平（やまもと・こうへい）
大阪府立交野支援学校四條畷校教諭、大阪芸術大学非常勤講師。大阪大学大学院文学研究科博士後期課程単位取得退学（文化表現論専攻）。博士（文学）。論文「文部省と民間教育研究団体との緊張関係に見る昭和40年代の音楽教育――家永教科書裁判を中心に」（『音楽教育学』第51巻第２号）共著『ベートーヴェンと大衆文化――受容のプリズム』（春秋社、2024年）『学校音楽文化論――人・モノ・制度の諸相からコンテクストを探る』（東信堂、2024年）。専門は日本の音楽教育史。

春秋社音楽学叢書

音楽で「良い子」は育てられるのか
「情操」から読み解く音楽教育史

2025年３月20日　初版第１刷発行

著　者――――山本耕平
発行者――――小林公二
発行所――――株式会社 **春秋社**
〒101-0021東京都千代田区外神田2-18-6
電話03-3255-9611
振替00180-6-24861
https://www.shunjusha.co.jp/
印　刷――――株式会社 太平印刷社
製　本――――ナショナル製本 協同組合
装　幀――――伊藤滋章

ISBN 978-4-393-93615-3　C0073
定価はカバー等に表示してあります。

索引（事項・人名）

「→」は他項目を参照、「⇒」は他項目も参照を示す

参考文献・資料

事項索引

人名索引

は行

ま行

や行

ら行

参考文献・資料

青森県教職員組合（1960）「音楽の生活化とは何か（教育課程自主編成の方針）」日本教職員組合『第９次教育研究全国集会　第８分科会報告書』1-8頁。

朝日新聞社編（1972）『私の教科書批判』東京：朝日新聞社。

有本真紀（2015）「特集　音楽科へのエール」日本音楽教育学会『音楽教育学』45(1)、36頁。

家永教科書訴訟弁護団編（1998）『家永教科書裁判――32年にわたる弁護団活動の総括』東京：日本評論社。

伊賀駒吉郎（1902）『感情教育論』東京：宝文館。

石川誠一ほか（1964）「座談会　音楽校長大いに語る」日本教育音楽協会『教育音楽　小学版』19(9)、42-47頁。

伊澤修二（1884）『音楽取調成績申報書』山住正己（校注）1994『洋楽事始――音楽取調成績申報書』東京：平凡社。

石田一志（2005）『モダニズム変奏曲――東アジアの近現代音楽史』東京：朔北社。

石山脩平（1949）「情操教育の意義と方法」『児童心理』３(2)、1-7頁、東京：金子書房。

礒部洋司（1998）「教育の目標としての「情操」に関する研究Ⅰ」『愛知教育大学教育実践総合センター紀要』１、9-16頁。

礒部洋司（1999）「美術教育の目標用語としての「情操」の起源」『愛知教育大学研究報告　教育科学編』48、163-170頁。

礒部洋司（2002）「教育の目標としての「情操」に関する研究Ⅱ」『愛知教育大学研究報告　教育科学編』51、145-151頁。

市川昭午監修・編集（2009）『繁栄と忘却の時代　1961～1985』（資料で読む戦後日本と愛国心　第２巻）東京：日本図書センター。

一般財団法人ヤマハ音楽振興会（2023）「第57期（2022年度）事業報告書」東京：一般財団法人ヤマハ音楽振興会。

伊藤由紀（2011）「「天才」少年少女の時代」梶野絵奈ほか編著『貴志康一と音楽の近代――ベルリンフィルを指揮した日本人』212-228頁、東京：青弓社。

乾孝（1965）『テレビっ子のしつけ』東京：あすなろ書房。

乾孝（1966）「情操をどう育てるか」乾ほか『幼児の情操としつけ』（幼稚園

保育全集２）1–11頁、東京：小学館。

乾孝（1967）「情操を育てるもの」全日本保育連盟『保育』22(6)、17–20頁。

乾孝（1972a）『乾孝幼児教育論集』名古屋：風媒社。

乾孝（1972b）『子どもたちと芸術をめぐって』東京：いかだ社。

井上さつき（2020）『ピアノの近代史——技術革新、世界市場、日本の発展』東京：中央公論新社。

井上武士（1952）「音楽科における道徳教育」『中学教育技術・社会・国語・英語』４(4)、101–106頁、東京：小学館。

井上武士（1957）「人格の基礎を作る音楽教育」日本教育音楽協会『教育音楽 中学版』１(8)、52–53頁。

井深大（1971）『幼稚園では遅すぎる』東京：ごま書房。

今井康晴（2009）「幼児の早期教育に関する一考察——幼児教育におけるブルーナー理論の位置を中心に」『広島大学大学院教育学研究科紀要　第１部　学習開発関連領域』58、33–38頁。

今井康雄（2015）「音楽科へのエール——「学力」と「エビデンス」に抗して」日本音楽教育学会『音楽教育学』45(1)、37–39頁。

入江菜々子（2023）「音楽の早期教育と専門教育」小川昌文ほか編著『よくわかる音楽教育学』56–57頁、東京：ミネルヴァ書房。

牛島義友ほか編（1965）『情操の教育——心の豊かさを育てる』（講座「家庭と学校」第３巻）東京：金子書房。

歌川光一（2019）『女子のたしなみと日本近代——音楽文化にみる「趣味」の受容』東京：勁草書房。

大阪音楽教育の会編（1975）『子ども　うた　ぼくらの授業』（音楽の授業１）東京：一ッ橋書房。

大阪音楽教育の会編（1976）『そのときうたは生まれる』（音楽の授業２）東京：一ッ橋書房。

大阪音楽教育の会編（1977）『歌曲による授業をめざして』（音楽の授業０）東京：一ッ橋書房。

大阪音楽教育の会編（1980）『入道雲14』大阪：大阪音楽教育の会。

大阪教職員組合（1963）「音楽——全面発達をめざす教育の中での音楽科」日本教職員組合『日教組第12次・日高教第９次合同教育研究全国集会報告書』1–5頁。

大阪教職員組合（1964）「音楽——全面発達をめざす音楽教育」日本教職員組合『日教組第13次・日高教第10次合同教育研究全国集会報告書』1–8頁。

大阪教職員組合（1965）「音楽——全面発達をめざす音楽教育」日本教職員

組合『日教組第14次・日高教第11次合同教育研究全国集会報告書』1-7頁。

大阪サークル（1966）「うたごえ運動から何を学ぶか（下）」音楽教育の会『音楽と教育』74、35-39頁。

大田周夫［発行年不明］「音楽科の道徳教育の具体例」国立教育政策研究所教育情報センター教育図書館所蔵『大田周夫旧蔵資料８』マイクロフィルム番号364。

奥平康照（2006）「1960年代日本における教育実践・理論の岐路――60年代子ども論と教育実践(2)阿部進の「現代っ子」論の歴史的位置」『和光大学人間関係学部紀要』10、19-34頁。

押谷由夫（2015）「音楽教育への期待――人間らしい心を育む基盤として」日本音楽教育学会『音楽教育学』45(1)、48-52頁。

貝塚茂樹編（2002）『大田周夫旧蔵資料目録』（戦後教育改革資料15）東京：国立教育政策研究所。

貝塚茂樹（2006）『戦後教育のなかの道徳・宗教〈増補版〉』東京：文化書房博文社。

カヴァイエ、ロナルド（1987）『日本人の音楽教育』西山志風訳、東京：新潮社。

樫下達也（2013）「1970年代・学校放送音楽教育番組への「ポピュラー音楽のリズム」の導入――ポピュラー音楽と子どもたちをめぐる議論に着目して」関西楽理研究会編『関西楽理研究』30、73-82頁。

香取郡昭栄中学校（1967）「音楽をとりいれた生徒指導」千葉県教育センター『千葉教育』139、18-21頁。

上田誠二（2010）『音楽はいかに現代社会をデザインしたか――教育と音楽の大衆社会史』東京：新曜社。

カワイ音楽教室本部（1967）『音楽教育学』東京：カワイ楽譜。

川上源一（1977）『音楽普及の思想』東京：財団法人ヤマハ音楽振興会。

河口道朗（1991）『音楽教育の理論と歴史』東京：音楽之友社。

河西秀哉（2016）『うたごえの戦後史』京都：人文書院。

菅道子（1988）「占領下における音楽教育改革――昭和26年度学習指導要領・音楽編の作成過程」『武蔵野音楽大学研究紀要』20、39-56頁。

菅道子（1990）「昭和22年度学習指導要領・音楽編（試案）の作成主体に関する考察」日本音楽教育学会『音楽教育学』20(1)、3-14頁。

菅道子（1995）「諸井三郎の音楽教育思想――「昭和二十二年度学習指導要領・音楽編（試案）の思想的基盤」」日本音楽教育学会『音楽教育学』24(4)、3-18頁。

菅道子（2005）「1・5　情操教育としての音楽教育――「学習指導要領」（音楽編）試案」河口道朗監修『音楽教育史論叢　第3巻（上）　教授・学習過程』72–95頁、東京：開成出版。

菅道子（2006）「音楽科の「学力」論の底流」音楽教育史学会編『戦後音楽教育60年』221–232頁、東京：開成出版。

木村信之（1993）『昭和戦後音楽教育史』東京：音楽之友社。

教科書検定訴訟を支援する全国連絡会編（1969）『家永教科書裁判　第2部証言編4』東京：総合図書。

教科書検定訴訟を支援する全国連絡会編（1972）『家永教科書裁判　第2部証言編10』東京：総合図書。

国立音楽大学音楽教育研究会（1965）『音楽教育学序説――明日をきずく音楽教育』東京：カワイ楽譜。

久納慶一（1972）「音楽教育と情操教育」音楽之友社『音楽教育研究』15(9)、34–43頁。

久保絵里麻（2014）「鈴木鎮一と才能教育――その形成史と本質の解明」明治学院大学大学院文学研究科博士論文。

グレイシック、セオドア（2019）『音楽の哲学入門』源河亨、木下頌子訳、東京：慶應義塾大学出版会。

黒沢利吉（1966）「わが校における情操教育」埼玉県立教育センター『埼玉教育』19(2)、5–8頁。

小泉文夫（1958）『日本伝統音楽の研究』東京：音楽之友社。

小泉文夫（1984）『おたまじゃくし無用論』（ほるぷ現代教育選集22）東京：ほるぷ出版。

小出浩平ほか（1947）「新音楽教育を語る」教育音楽協会『教育音楽』2(3)、4–15頁。

国府華子（2011）「昭和初期のピアノ教育――上野児童音楽学園の取り組み」『愛知教育大学研究報告　芸術・保健体育・家政・技術科学・創作編』60、11–17頁。

後藤嘉之ほか（1905）『心理学表解』東京：六盟館。

木間英子（2008）「日本における音楽教育理論の美学的基礎の研究――情操教育としての音楽教育再考」一橋大学大学院言語社会研究科博士論文。

小松耕輔（1946）「教育音楽家の重責」教育音楽家協会『教育音楽』1(1)、1–5頁。

小山英恵（2011）「「音楽教育の会」における音楽教育――丸山亜季の主張に焦点をあてて」京都大学大学院教育学研究科・教育方法学講座『教育方法の探求』14、25–32頁。

権藤敦子（1999）「芸能科音楽の成立経緯」浜野政雄監修　東京芸術大学音楽教育研究室創設30周年記念論文集編集委員編『音楽教育の研究　理論と実践の統一をめざして』253–263頁、東京：音楽之友社。

桜井智恵子（2002）「1960年代家庭教育ブームの生成――『家庭の教育』読者の声を中心に」日本子ども社会学会編『子ども社会研究』8、65–78頁。

佐々木正昭（1980）「「情操」という用語の起源と定着過程についての考察――明治期心理学史を中心に」大谷学会『大谷学報』60(2)、40–52頁。

笹野恵理子・学校音楽文化研究会編著（2024）『学校音楽文化論――人・モノ・制度の諸相からコンテクストを探る』東京：東信堂。

佐藤生実（2015）「習い事産業と発表会」宮入恭平編著『発表会文化論』39–66頁、東京：青弓社。

佐藤信（2008）「光さんと話したこと」林光の音楽編集室編『林光の音楽』79–84頁、東京：小学館。

佐藤学（2015）「沈黙に潜む音に耳をすます――音楽教育の可能性」日本音楽教育学会『音楽教育学』45(1)、53–56頁。

澤崎眞彦（1995）「唱歌教育の歩み――徳性の涵養としての唱歌教育誕生と歴史」日本音楽教育学会『音楽教育学』25(3)、31–38頁。

鹿内珠子（1957）「昭和32年度教育課程審議会会議録」『鹿内珠子旧蔵資料』（所蔵：国立教育政策研究所教育情報センター教育図書館）。

四童子裕（2011）「日教組教育研究全国集会の音楽（芸術）分科会における関心事及び中心議題の変遷」中国四国教育学会『教育学研究紀要』57(2)、422–427頁。

四童子裕（2012）「昭和52年度改訂小学校学習指導要領（音楽）に向けた文部省の取り組み――昭和43年度改訂小学校学習指導要領（音楽）への批判との関連」広島大学大学院教育学研究科『音楽文化教育学研究紀要』24、107–116頁。

四童子裕（2013）「昭和43年度改訂小学校学習指導要領（音楽）に向けた文部省の取り組み――昭和33年度改訂小学校学習指導要領（音楽）への批判との関連」広島大学大学院教育学研究科『音楽文化教育学研究紀要』25、107–115頁。

四童子裕ほか（2010）「戦後の日教組教育研究全国集会の音楽（芸術）分科会における実践報告の変遷――「日本の教育」を中心に」広島大学大学院教育学研究科『音楽文化教育学研究紀要』22・23、149–157頁。

柴田南雄（1983）『日本の音を聴く』東京：青土社。

渋谷伝（1982）『現代音楽教育　批判と創造』東京：国土社。

新日本大観編集委員会編（1961）『新日本大観　1961』東京：毎日新聞社。

絓秀実編（2005）『1968』東京：作品社。

絓秀実（2006）『1968年』東京：筑摩書房。

杉田正夫（2005）『学校音楽教育とヘルバルト主義――明治期における唱歌教材の構成理念にみる影響を中心に』東京：風間書房。

杉中巧（1970）「音楽教育の目的としての情操」『音楽教育研究』13(1)、56–63頁、東京：音楽之友社。

鈴木治（1992）「音楽科教育における「系統的な基礎指導とは何か」」『東北大学教育学部教育行政学・学校管理・教育内容研究室研究集録』23、63–74頁。

鈴木治（2005）「９・２　自主研究の立場の成果――園部三郎と「二本立て」。原点、展開、崩壊」河口道朗監修『音楽教育史論叢　第３巻（下）音楽教育の内容と方法』647–661頁、東京：開成出版。

鈴木治（2006）「「音楽教育の会」の活動とその意義」音楽教育史学会編『戦後音楽教育60年』267–276頁、東京：開成出版。

鈴木清（1965）「学校における情操教育」東京都立教育研究所編『教育じほう』2–5頁。

鈴木重（1965）「器楽指導論」国立音楽大学音楽教育研究会『音楽教育学序説――明日をきずく音楽教育』89–136頁、東京：カワイ楽譜。

鈴木鎮一（1966）『愛に生きる――才能は生まれつきではない』東京：講談社。

鈴木智道（2002）「「教育する家族」の時代」広田照幸編『〈理想の家族〉はどこにあるのか？』97–106頁、東京：教育開発研究所。

園部三郎編（1958a）『新教育課程双書　小学校篇・６』東京：国土社。

園部三郎編（1958b）『新教育課程双書　中学校篇・６』東京：国土社。

園部三郎（1959）「教研集会講師失格の弁」教育科学研究会『教育』９(3)、83–89頁。

園部三郎ほか（1960）「座談会　日本の教育音楽の現状について」『音楽芸術』18(2)、47–61頁。

園部三郎・山住正己（1962）『日本の子どもの歌――歴史と展望』東京：岩波書店。

田中智晃（2021）『ピアノの日本史――楽器産業と消費者の形成』愛知：名古屋大学出版会。

田中嘉彦（1970）『情操を培う音楽教育』茨城：笠間音楽学園。

田辺尚雄（1953）「道徳と音楽」文部省初等教育課『初等教育資料』41、5–6頁。

玉川裕子（2023）『「ピアノを弾く少女」の誕生――ジェンダーと近代日本の

音楽文化史』東京：青土社。

田村虎蔵（1909）「唱歌教授上の美感問題」初等教育研究会『教育研究』69、31-32頁。

長木誠司（2010）『戦後の音楽――芸術音楽のポリティクスとポエティクス』東京：作品社。

寺西春雄（1985）「斎藤秀雄小伝――音楽家としてのその生涯」財団法人民主音楽協会編『斎藤秀雄・音楽と生涯――心で歌え、心で歌え!!』21-53頁、東京：芸術現代社。

東京芸術大学百年史編集委員会編（1987）『東京芸術大学百年史　音楽学校編第1巻』東京：音楽之友社。

東京都文京区教育委員会編（1983）『文京区教育史――学制110年のあゆみ』東京：東京都文京区教育委員会。

東京都文京区立柳町小学校（1967）『情操教育の実践――小学校全領域での深化』東京：高陵社書店。

十時弥編（1904）『心理学綱要』東京：大日本図書。

供田武嘉津（1958）「道徳教育と音楽学習」日本教育音楽協会『教育音楽小学版』13(9)、53-55頁。

供田武嘉津（1962）「音楽レッスンと学校教育との結びつき」『音楽の友』20(6)、臨時増刊、132-139頁。

友利明良（1968）「音楽科の持つ使命と役割」日本教育音楽協会『教育音楽小学版』23(8)、102-105頁。

仲新ほか編（1983）『近代日本教科書教授法資料集成　第10巻　教師用書6図工・音楽編』東京：東京書籍。

長﨑励朗（2013）『つながりの戦後文化誌――労音、そして宝塚、万博』東京：河出書房新社。

中原都男（1970）『京都音楽史』東京：音楽之友社。

中丸美繪（2002）『嬉遊曲、鳴りやまず――斎藤秀雄の生涯』東京：新潮社。

中丸美繪（2022）『鍵盤の天皇――井口基成とその血族』東京：中央公論新社。

中山裕一郎（2006）「1947（昭和22）、1951（昭和26年）「学習指導要領音楽（科）編」（試案）の史的意義」音楽教育史学会『戦後音楽教育60年』13-23頁、東京：開成出版。

奈良清利（1968）「音楽教育の退廃」教育科学研究会『教育』224、46-49頁。

奈良県（1960）「音楽科報告書」日本教職員組合『第9次教育研究全国集会第8分科会報告書』1-16頁。

成田市公津小学校（1967）「音楽の指導をとおして心情を育てる」千葉県教育センター『千葉教育』139、22-23頁。

西島千尋（2010）『クラシック音楽は、なぜ〈鑑賞〉されるのか――近代日本と西洋芸術の受容』東京：新曜社。

西田慎ほか編（2015）『グローバル・ヒストリーとしての「1968年」――世界が揺れた転換点』京都：ミネルヴァ書房。

西野勝明（2015）「才能教育（スズキ・メソード）とヤマハ音楽教室、そして楽器産業の発展」静岡県立大学経営情報学部編『経営と情報』28(1)、33–43頁。

日本教職員組合編（1955）『日本の教育　第４集』東京：国土社。

日本教職員組合編（1959a）『日本の教育　第８集（下）』東京：国土社。

日本教職員組合編（1959b）『新教育課程の批判　学習指導要領はどう変ったか』東京：日本教職員組合。

日本教職員組合編（1960）『国民のための教育課程　自主的編成の展望』東京：日本教職員組合。

日本教職員組合編（1969）『私たちの教育課程研究――音楽教育』東京：一ツ橋書房。

日本教職員組合編（1972）『日本の教育　第21集』東京：日本教職員組合。

日本戦後音楽史研究会編（2007）『日本戦後音楽史　上――戦後から前衛の時代へ』東京：平凡社。

野本三吉（1999）『子ども観の戦後史』東京：現代書館。

花村大（1969）「中学校学習指導要領の改善について」日本教育音楽協会『教育音楽　中学版』13(2)、60–64頁。

羽ケ崎陽子（2005）「1960年代の２つの子ども論――60年代の２つの子ども論と教育実践(1)」『和光大学人間関係学部紀要』10、163–188頁。

羽生芳太郎ほか編（1901）『教育唱歌　前編』東京：大倉書店。

林光（1955）「うたごえ運動の意義」『音楽芸術』13(9)、77–82頁。

林光（1965）『死滅への出発』東京：三一書房。

林光（1974）『林光　音楽　教育　しろうと論』東京：一ッ橋書房。

林光（1979）『ひとりのゴーシュとして』東京：一ツ橋書房。

林光（1990a）『音楽の学校』東京：一ツ橋書房。

林光（1990b）『日本オペラの夢』東京：岩波書店。

林光（2004）『私の戦後音楽史――楽士の席から』東京：平凡社。

広田照幸（1999）『日本人のしつけは衰退したか――「教育する家族」のゆくえ』東京：講談社。

福島県教員組合（1960）「改訂指導要領（音楽）の検討」日本教職員組合『第９次教育研究全国集会　第８分科会報告書』1–5頁。

藤田昌士（1997）『道徳教育　その歴史・現状・課題』東京：エイデル研究所。

藤原政行（1999）「明治10年代の音楽教育（唱歌教育）と修身教育――「徳育」を目的とする唱歌教育の教授方法と授業のあり方について」日本大学教育制度研究所『日本大学教育制度研究所紀要』30、25-50頁。

藤山要（1949）「音楽的情操の誘導」広島高等師範学校附属小学校学校教育研究会『学校教育』375、26-30頁。

藤山要（1951）「音楽的情操教育論」広島高等師範学校附属小学校学校教育研究会『学校教育』402、29-34頁。

渕田陽子（2012）「幼児音楽教室の起源――自由学園音楽グループ「絶対音音楽早教育実験教室」の調査」姫路日ノ本短期大学編『研究紀要』35、11-22頁。

文京区教育委員会編（1964）『文京区教育概要　昭和39年度版』東京：東京都文京区教育委員会。

文京区教育委員会編（1969）『情操教育の実践――５年間の歩み』東京：東京都文京区教育委員会。

堀内敬三（1957）「音楽課程は縮小されるか」日本教育音楽協会『教育音楽　中学版』１(8)、50-51頁。

堀内敬三ほか（1958）「特集　新しい音楽教育課程に訴える――音楽教育強化全国大会記録」日本教育音楽協会『教育音楽　中学版』13(4)、52-62頁。

本多佐保美ほか編著（2015）『戦時下の子ども・音楽・学校――国民学校の音楽教育』東京：開成出版。

本多正明（2003）「才能教育（スズキ・メソード）の理論」大島眞・秋山博介編『現代のエスプリ――才能教育の展開』36-43頁、東京：至文堂。

本田由紀（2000）「「教育ママ」の存立事情」藤崎宏子編『親と子――交錯するライフコース』159-182頁、京都：ミネルヴァ書房。

本間千尋（2017）「日本におけるクラシック音楽文化の社会学的研究――ピアノ文化を中心として」慶應義塾大学大学院社会学研究科博士論文。

前間孝則・岩野裕一（2001）『日本のピアノ100年――ピアノづくりに賭けた人々』東京：草思社。

真篠将（1964）「音楽教育とオルガン」全日本器楽教育研究会編『オルガンと音楽教育』東京：音楽之友社。

真篠将（1968a）「音楽」徳山正人編『小学校新教育課程の構想と展望――改訂学習指導要領の批判に応える』125-150頁、東京：国土社。

真篠将（1968b）「小学校学習指導要領（音楽）改訂の要点とその背景」音楽之友社『音楽教育研究』10(7)、12-29頁。

真篠将（1968c）「小学校学習指導要領（音楽）改訂の要点とその背景」日本

教育音楽協会『教育音楽　小学版』23(7)、34-42頁。

真篠将（1986）「音楽教育40年史」東京：東洋館出版社。

真篠将先生退官記念著作集編集委員会編（1986）『真篠将音楽教育を語る』東京：音楽之友社。

松田道雄（2009）『定本育児の百科（下）——1歳6ヶ月から』東京：岩波書店。

松井三雄（1968a）「音楽教育の目的観——音楽性・情操・創造性について」音楽之友社『音楽教育研究』11(7)、12-20頁。

松井三雄（1968b）「小学校教育の回顧と展望　音楽」文部省初等教育課『初等教育資料』223、13-14頁。

松下行則（1996）「道徳「単元あるいは科目」特設への道——1952-3年教育課程審議会での議論を中心として」『福島大学教育学部論集』60、73-90頁。

丸山亜季（1997）『歌はかがやき光はうたい』東京：一ツ橋書房。

丸山剛史ほか編（2006）『戦後教育改革資料19　鹿内瑞子旧蔵資料目録』東京：国立教育政策研究所。

三重県教職員組合（1960）「音楽学習を自主的に成長させるにはどうすればよいか」日本教職員組合『第9次教育研究全国集会　第8分科会報告書』1-8頁。

三村真弓ほか（2011）「北海道音楽教育の会の「二本立て方式による音楽教育」に関する研究」『音楽学習研究』編集委員会『音楽学習研究』7、67-76頁。

宮入恭平（2015）「学校教育と発表会」宮入恭平編著『発表会文化論——アマチュアの表現活動を問う』91-114頁、東京：青弓社。

宮沢賢治（2011）「風の又三郎」『童話集　風の又三郎　他18編』岩波書店。

宮瀬重美（1971a）「情操と音楽教育(1)」音楽之友社『音楽教育研究』14(1)、54-63頁。

宮瀬重美（1971b）「情操と音楽教育(2)」音楽之友社『音楽教育研究』14(2)、34-43頁。

宮瀬重美（1971c）「情操と音楽教育(3)」音楽之友社『音楽教育研究』14(5)、57-71頁。

村尾忠廣（1978）「わらべ唄教材の退潮と2本立て方式」音楽之友社『音楽教育研究』16、76-83頁。

村田武雄（1952）「感情と叡智——情操教育の問題」小学館『中学校技術・職家・音楽・体育』2(8)、56-60頁。

百瀬三郎（1968）「情操教育を重視した学校経営」日本教育音楽協会『教育

音楽　小学版』23(8)、105–107頁。

諸井三郎（1947a）『音楽教育論』東京：河出書房。

諸井三郎（1947b）「今後の音楽教育」日本教育音楽協会『教育音楽』2(2)、7–9頁。

諸井三郎（1949）『音楽のはなし』東京：三省堂出版。

諸井三郎（1953）『創元音楽講座第4巻　音楽と社会篇』東京：創元社。

諸井三郎ほか（1962）「ママの質問箱」『音楽の友』20(6)、臨時増刊、64–131頁。

門奈由子（2007）「スズキ・メソッドとヤマハ・システムにみる戦後の「民間音楽教育」」『日本女子大学大学院人間社会研究科紀要』13、123–135頁。

文部省（1946）『新教育指針』東京：文部省。

文部省（1947）『学習指導要領　音楽編　試案』東京：日本書籍。

文部省（1951a）「道徳教育のための手引書要綱」[宮田丈夫（1959）『道徳教育資料集成　3』所収]。

文部省（1951b）『中学校・高等学校学習指導要領音楽編（試案）』東京：教育出版。

文部省（1959）『中学校音楽指導書』東京：東洋館出版社。

文部省（1960）『小学校音楽指導書』東京：教育出版。

文部省（1966）『父兄の支出した教育費調査報告書　昭和39年度』東京：文部省大臣官房調査統計課。

文部省（1972）『学制百年史（記述編、資料提供）』東京：文部省。

文部省調査局調査課編（1959）『全国学力調査報告書　小学校――音楽、図画工作、家庭教科以外の活動　中学校――英語、職業・家庭　高等学校――英語、保健体育』東京：文部省。

門馬直美編（1984）『音楽教育大論争』東京：サントリー音楽財団。

八木淳（1978）『ドキュメント現代の教育5　文部大臣列伝――人物でつづる戦後教育の軌跡』東京：学陽書房。

山崎政人（1986）『自民党と教育政策――教育委員任命制から臨教審まで』東京：岩波書店。

山住正己（1966）『音楽と教育』東京：国土社。

山住正己（1994）『子どもの歌を語る――唱歌と童謡』東京：岩波書店。

山住正己・米沢純夫（1965）「音楽科教育――音痴をつくった「教育音楽」の批判と音楽教育改革のための提案」教育科学研究会＝勝田守一編『現代教科の構造――その批判と探求』193–220頁、東京：国土社。

山梨県高等学校教職員組合（1960）「高校教育に於ける芸術（音楽）教育は如

何にあるべきか」日本教職員組合『第９次教育研究全国集会　第８分科会報告書』1-4頁。

山本耕平（2021）「1970年代の音楽教育観に関する考察──『おんがくぐーん』と『こども音楽教室』の比較を通して」『阪大音楽学報』18、43-64頁。

山本文茂（1999a）「芸能科音楽の理念と内容──法令条文の解釈を中心に」浜野政雄監修　東京芸術大学音楽教育研究室　創設30周年記念論文集編集委員会『音楽教育の研究──理論と実践の統一をめざして』264-277頁、東京：音楽之友社。

山本文茂（1999b）「芸能科音楽教材の特質──教科書・教師用指導書の分析を通して」浜野政雄監修　東京芸術大学音楽教育研究室　創設30周年記念論文集編集委員会『音楽教育の研究──理論と実践の統一をめざして』278-295頁、東京：音楽之友社。

山本真紀（2017）「「教育音楽」という用語についての歴史的考察──明治期から大正期を中心として」聖徳大学大学院音楽文化研究科博士論文。

山本正夫（1910）『唱歌教授法通論』東京：十字屋楽器店。

吉田秀和ほか（1964）「座談会 早教育の必要性とその方向──桐朋オーケストラ・才能教室・先生と生徒・大松監督論」『音楽芸術』22(13)、8-12頁。

米沢純夫（1972）「音楽教育の会第17回全国大会」全日本保育連盟『保育──保育の現代化をめざす教育雑誌』27(12)、73-75頁。

米沢純夫（1980）「音楽教育の会の歴史」音楽教育の会『音楽教育』219、7-14頁。

四方田犬彦（2008）『ハイスクール1968』東京：新潮社。

四方田犬彦ほか編（2010）『1968年文化論』東京：毎日新聞社。

渡辺茂（1964）「音楽の「おけいこ」ごとの問題点──子どもの負担とその効果について」『児童心理』18(8)、104-109頁。

渡辺裕（2010）『歌う国民──唱歌、校歌、うたごえ』東京：中央公論新社。

楽譜

大阪音楽教育の会編（1971-1982）『入道雲』1-18集、宇治：希望出版。

音楽教育の会編（1976）『小学生歌集　第１集』東京：飯塚書店。

音楽教育の会編（1968）『小学生歌集　第２集』東京：飯塚書店。

群馬音楽教育の会編（1967 1977）『授業のための歌曲集』1-10集、群馬：児島印刷。

国会議事録
衆議院『文教委員会議録第34号』第26回、1957年 9 月27日。
衆議院『文教委員会議録第 1 号』第27回、1957年11月 4 日。
衆議院『文教委員会議録第 5 号』第27回、1957年11月14日。
参議院『文教委員会議録第12号』第28回、1958年 3 月29日。

新聞・雑誌記事（明記のないものは執筆者不明）

芥川也寸志（1972）「音楽教育への疑問」『朝日新聞』1972年 6 月28日朝刊、19頁。

天野貞祐（1950）「私はこう考える」『朝日新聞』1950年11月26日朝刊、 4 頁。

「おケイコごとと親心」『読売新聞』1954年 9 月29日朝刊、 5 頁。

「子どもの音感をのばすには」『読売新聞』1962年 3 月30日朝刊、 9 頁。

「団地っ子のおけいこ」『毎日新聞』1964年12月14日朝刊、 7 頁。

「おけいこブーム」『朝日新聞』1965年 3 月28日朝刊、23頁。

「幼児のおけいこごと」『読売新聞』1965年 4 月12日夕刊、 3 頁。

「浩宮さんのバイオリンおけいこ――ブームとなった小学校低学年の教養」『週刊新潮』1966年12月10日、38–42頁。

引用図版の出典一覧
［p. 97］文京区教育委員会（1969）『情操教育の実践―― 5 年間の歩み』東京：東京都文京区教育委員会。
［p. 112］園部三郎（1977）『日本人と音楽趣味』東京：大月書店。
［p. 134］林光（1993）『歌の学校』東京：晶文社。
（そのほか特に明記のないものはパブリック・ドメイン）